文化、国族、历史：
《天下》的中国与中国的『天下』

王立峰◎著

南京大学出版社

目　录

绪　论

《天下》概况

1935年8月，《天下》(*T'ien Hsia Monthly*)月刊正式出版，发行方是著名的别发洋行(Kelly & Walsh, Limited)，也叫别发印书馆。别发洋行既是出版社又是书店，19世纪中期由英商在上海创立，销售网络遍布英美以及英殖民地各主要城市。自20世纪30年代起，它逐渐成为上海最重要的英文出版社，许多中国作家英文著作之发行都经它之手完成，其中最为人熟知的或许要数林语堂(1895—1976)的 *Moment in Peking: A Novel of Contemporary Chinese Life*(《京华烟云》)。《天下》选择别发，只因杂志以英文为媒介，而别发深谙此中发行之道，可以利用自身销售渠道，帮助杂志尽可能地扩大影响范围。从杂志提供的信息来看,它在伦敦、纽约等城市皆设有销售点,不过销量如何并没有记载,从常理判断,《天下》的主要读者仍是在华的外国人以及少数具有西方教育背景的中国知识分子。关于创办《天下》的初衷,杂志最主要的赞助者孙科(1891—1973)直言,是为了“向西方介绍中国,而非向中国介绍西方”[①]。这进一步解释了杂志依托别发发行的原因,同时道出了决定杂志面貌的核心因素:国家形象的输出。因为要“输出”,用英文作媒介便势在必行,至于“国家形象”,孙科与编辑同人一致同意应当从“文化”入手。

早在1932年冬,孙科便深感“要使我们国家的基础巩固,除了军事和政治的力量外,实在应该使它建筑在文化上面”。于是游说各方,牵头筹备中山文化教育馆,旨在“重振三民主义文化,使之发扬光大”,又担心“当时国内的文化事业,十之八九操在党外文人之手,一般学生和教员,都有一个错误的观念,认为三民主义,只是国民党的经典。在此情形之下,如果中山文化教育馆再由党与政府来办,益滋误会曲解”。所以决定创办一个“致力于学术研究”“推进民族文化”“既不受政治之牵制,尤不为任何关系所绊系”的“民间机构”。[②] 孙科旨在“重振三民主义文化”,视“文化”为“事业”,又把“文化”视为“国家的基础”,以雷蒙德·威廉斯(Raymond Henry Williams,1921—1988)关于“文化”的定义作类比,他对“文化”的理解近乎威廉斯所谓“理想的”“文献的”“社会的”三种“文化”之结合。“文

① Sun Fo(孙科), “Foreword,” *T'ien Hsia Monthly*, Vol. 1, No. 1, 1935, p. 5.

② 孙科:《八十述略》,《传记文学》(台湾)1973年第138号,第5页。

化”既是“知性和想象作品的整体，以不同的方式详细地记录了人类思想和经验”，又是“对一种特殊生活方式的描述，不仅表现艺术和习得中的某些价值与意义，也表现制度和日常行为中的某些意义与价值”。更重要的是，“文化是人类完善的一种状态或过程”。[①] 最后一点颇有些暗合中国古代读书人对“文化”的理解，所谓“修文德以来之”，所谓“天下大同”，即通过美学、哲学、社会制度、生活方式等途径，达成一种人人向往、个个认同的理想世界。孙科对“文化”的理解亦包含了此种观念，它是一个以文学、艺术为手段，以社会动员、意识形态宣传为归宿的概念，《天下》“国家形象输出”的真正用意也在于此。

然而，遑论孙科如何强调中山文化教育馆（以下简称“文教馆”）的民间性质，它与政府之间的紧密联系仍是有目共睹的，这一点仅从其发布的理事名单即可见一斑，其中不仅有蔡元培、朱家骅这样的文教界领袖，史量才、王云五之类的出版界巨擘，更有蒋中正、汪兆铭、胡汉民、林森、宋子文、陈果夫、孔祥熙等国民党中枢，即便只是挂名，仍足以说明文教馆的官方背景。《天下》最主要的“资方”便是这样一个“民间”机构，得益于文教馆的资金支持，《天下》能够开出远高于当时平均水平的稿酬，吸引各行各业的精英人士为其撰稿。与此同时，《天下》也得顾及文教馆以及背后的官方因素，在内容呈现、观点表达方面有所取舍。不过，在刊物日常运营层面，《天下》不受文教馆下属出版部掣肘，这一点与《中山文化教育馆季刊》《时事类编》迥然

① [英]雷蒙德·威廉斯著，赵国新译：《文化分析》，《外国文学》2000 年第 5 期，第 61 页。

有别。《天下》的人事任命全由吴经熊和报刊同人共同商议,不受文教馆干涉,杂志的编辑部亦设在上海愚园路 1283 号,而非文教馆所在地南京。概言之,《天下》可以使用教育馆的资源而无须完全听其将令。

《天下》之所以能有此优待,主要得益于杂志创始人吴经熊(1899—1986)与孙科良好的私人关系。法学专业出身的吴经熊不仅在立法院为孙科奔走效劳,在文教馆内,一度也兼任出版部主任,他们的关系超越一般的上司与下属,颇有伯牙子期的意味,而《天下》的创立初衷又与文教馆的创办理念不谋而合,于是《天下》就顺理成章地成了文教馆的“编外”刊物。据吴经熊日后回忆:“《天下》的诞生,正如我生命中其他好事一样,是很偶然的事。”[①]念头的缘起来自朋友间闲谈,他与温源宁(1899—1984)——《天下》主编,统领杂志日常稿件的编辑——设想创办一个“中英文的文化和文学期刊——以向西方解释中国文化”,却又担心“期刊会显得曲高和寡,很少会有人订阅,不能自养”。[②] 不久之后,他在与孙科闲谈时提及了这一计划,并引起了后者极大的热情。“于是我们制订了一个计划交给他。他作为研究所主席立即就同意了。我和源宁一起商量编辑部人选,决定请林语堂和全增嘏(1903—1984)。他们两人都毫不犹豫地接受了我们的邀请。……这样我们的工作就开始运转了。”[③]

① 吴经熊著,周伟驰译:《超越东西方》,北京:社会科学文献出版社,2002 年,第 228 页。

② 同上。

③ 同上。

各种因缘际会之下，这样一份由中国知识分子主办，以英文为载体、文化为导向，面向全球发售的刊物就此诞生了。从1935年8月创刊到1941年9月停刊，《天下》共计发行56期，起先是按月发行，六、七两月休刊，每五期汇成一卷。1940年9月以后，由于经费紧张，不得已改成双月刊，勉强维持一年后最终无以为继，宣告休刊。当时的许多期刊，动辄发行两三期便宣告停刊，与它们相比，《天下》存在的时间不可谓不久，稳定的资金支持、高水平的刊物内容都是其中至关重要的因素。

《天下》的栏目设置并不繁复，最初由 Editorial Commentary（编辑杂议）、Articles（专著）、Translations（翻译）和 Book Reviews（书评）四个部分构成。需要说明的是，Articles 一栏篇幅实未到"专著"的规模，而是针对各文化领域的研究专论，只是《天下》在中文期刊上打广告时如此自称，故沿用。另外，翻译一栏的篇目，现代文学内容居多，吴经熊所译古典诗歌和《道德经》等也曾在此专栏刊载。书评一栏，顾名思义，无需过多解释，不过孙科在发刊词中所说向西方介绍中国，而非向中国介绍西方的办刊要义，在这一专栏中未被严格执行，不少西学新知亦被加以介绍。自1936年8月第3卷第1期起，《天下》又新设专栏 Chronicle（纪事），旨在回顾近年来中国各文化领域发展之状况，所涉内容颇为驳杂，从文学、图书馆学、考古学，到建筑学、生物学，无所不包。这些文章类似学术论文中的综述，要求写作者对相关领域有深入了解、独到判断，否则容易变成浅尝辄止的流水账。《天下》的主笔者，都是各领域颇有建树的专家学者，譬如胡先骕（1894—1968）便曾操刀 *Chronicle of The Biological Science in China*（《中国生物学年鉴》）。杂志以区区四五个专栏而能涉及如此多的人文领域,内容既广且精,实在仰赖撰稿者的专业素养,而杂志能汇聚众多有识之士,又与编辑的人脉与知识背景息息相关。《天下》的编辑无一不是各自领域的翘楚,且交游广泛,故而能完成《天下》每期组稿工作,而这份杂志的存在,也反过来为这些知识精英们提供了一个平台,使他们能有机会面向世界言说自我,表达他们对自我与他者、中国与世界的理解。对当下的研究者而言,《天下》诸君的文化实践又构成了中国文化史和思想史别样的风景,让我们得以一窥中国现代知识分子在英文语境下的自我表达,比较其与中文语境中话语的差异,进而重新审视“语境”的意义。

《天下》的编辑

《天下》的性质,大体可以定义为“有资金支持的同人刊物”,而同人刊物最核心的因素就是编辑,他们决定了杂志的内容、风格和水准。《天下》的编辑名单,除了创刊时的吴、温、林、全四人,还包括后来加入的姚莘农(笔名姚克)(1905—1991)和叶秋原(1907—1948)。其中,吴经熊是总编(Managing Editor),昭示着他在一众编辑里的领袖地位,温源宁是主编(Editor-in-Chief),统领稿件日常编审,杂志开篇的“编辑杂议”绝大多数时候也由他撰写。林、全两位都是编辑(Editor),具体分工未注明,考虑到同一时期林语堂自己名下的《人间世》《宇宙风》编辑事务尚且交给陶亢德(1908—1983)主理,他在

《天下》的编辑之职恐怕也是名大于实。除编辑以外，林、全二人还是杂志重要撰稿人，林语堂曾翻译《浮生六记》，在《天下》分四期连载，全增嘏则发表了数篇哲学、社会学领域相关的文章和书评，他们各自的兴趣、知识背景显然对杂志内容产生了具体而直接的影响。

关于四人交集的缘起，吴经熊在自传中没有提及，他也没有说明为何邀请林、全二人，不过其中线索倒也不难挖掘。按吴的回忆，他与温源宁结识于《中国评论》的宴会，所谓《中国评论》即是《中国评论周报》(*The China Critic*, 1928—1946)，吴经熊自传中译本之所以有"《中国评论》"一说，恐怕是译者直译 *The China Critic* 的结果，只是他没有考虑到当时国人办的英文刊物常常各取中英名称，如照字面意思直译，两者未必能够对应起来。以《天下》为例，中文名作"《天下》"，英文名作"*T'ien Hsia Monthly*"，分别印在杂志封面上，有些论者写作"《天下月刊》"，显然是从英文名直译过来的，意思虽然没有出入，终究不是创办者本意，本着"名从主人"的原则，"《天下》"或者"《天下》月刊"似乎是更妥帖的称呼。

书归正传，吴、温所以在《中国评论周报》晚宴相遇，皆因二人同为周报撰稿人。早在 1934 年 1 月 4 日，温源宁即在周报开设专栏人物志稿(Unedited Biographies)，并正式成为周报撰稿编辑(Contributing Editor)，至于为周报撰稿，则可以追溯到更早之前。5 月 31 日起，温源宁将专栏更名为亲切写真(Intimate Portraits)，发表了一系列人物剪影式的随笔，这些文章后来结集出版,是为 *Imperfect Understanding*[①],1935 年 1 月由别发洋行发行。同年六月,钱钟书(1910—1998)在《人间世》29 期发表书评,首译书名为《不够知己》,此《人间世》恰又是林语堂手下的刊物。吴经熊成为周报撰稿编辑虽然已经迟至 1935 年 9 月 19 日,此时《天下》也已发行两期,但是和温源宁一样,在成为撰稿编辑前,他已是周报长期的撰稿人。为了表示对这位声望卓著的法学家的重视,在吴经熊正式成为撰稿编辑的同一期,周报特意发布了一个表示欢迎的声明,[②]如此待遇实属罕见。除了吴、温以外,林语堂亦是周报的撰稿编辑之一,且他出任周报撰稿编辑的时间更早,自 1930 年 7 月 3 日起,林语堂即负责周报专栏《小评论》(The Little Critic)的编审,[③]也正是在这个专栏上,吴经熊发表了他在周报上最早刊登的文字。同以上三位相比,全增嘏与周报的联系可谓有过之而无不及,吴、温、林作为撰稿编辑,只负责为周报特定专栏撰稿,全增嘏则是实打实的副主编(Associate Editor),对于周报日常事务的关涉显然更深入、更具体。由此可见,吴、温、林、全并非因为《天下》才走到一起,而是因为早已颇多交集,才会共事于《天下》。这也解释了为何吴经熊、温源宁想要创办《天下》时,第一时间即邀请林语堂、全增嘏加入,此二人即属于同一阵

---

① 此书目前有两个主要中译本,关于书名,南星译本作“一知半解”,而江枫译本则采用了钱钟书书评中首译的“不够知己”。(详见温源宁著,南星译:《一知半解:人物剪影十七幅》,长沙:岳麓书社,1988 年;温源宁:《一知半解及其他》,沈阳:辽宁教育出版社,2001 年;温源宁著,江枫译:《不够知己》,上海:外语教学与研究出版社,2012 年。)

② “Welcome to Dr. John C. H. Wu,” *The China Critic*, Vol. 10, No. 12, 1935, p. 269.

③ “Notice,” *The China Critic*, Vol. 3, No. 27, 1930, p. 625.

营,又有主理、编辑报刊的经验,恰好可以弥补吴、温两人这方面的不足。①

1936 年夏,林语堂应赛珍珠(Pearl S. Buck,1892—1973)之约去国赴美,是年 8 月起,他的名字后面就标注了 On Leave(休假,实为离任,因为再未销假)的字样,也正是从这一期起,姚莘农的名字出现在了《天下》编辑名单之上。故此,林太乙在回忆《天下》时说:"这份杂志由温源宁主编,林语堂、吴经熊、全增嘏、姚莘农(克)等任编辑。"②无独有偶,姚莘农在成为《天下》编辑之前,也曾在周报发表文章,而他之所以引起周报注意,缘于一份致林语堂的信。此信发表在 1935 年 11 月 14 日第 11 卷第 7 期的《中国评论周报》上,主要内容是与林语堂商榷其前一年出版的 *My Country and My People*(《吾国与吾民》)的相关内容和观点。据林语堂所附引言,他在信件公开发表之前已读过此信,且乐意协助发表与自己观点相对的文章。③ 我们不妨推测,借由写信这一契机,姚莘农引起了林语堂的注意,随后又因此进入了《天下》的圈子,并最终使他在林语堂离任后接替其编辑职位。更加巧合的是,姚莘农在《天下》发表

① 实际上,林语堂和全增嘏乃故友旧识,两人不仅同为《中国评论周报》编辑,亦是《论语》的共同发起人员之一。据实际主理《论语》《人间世》《宇宙风》的陶亢德回忆,林语堂办杂志、做编辑大方针之设计有,日常编务则甚少插手,自己创办之刊物犹如此,挂名之《天下》恐怕就更不会亲躬其事了。(参见陶亢德:《陶庵回想录》,北京:中华书局,2022 年,161 页。)

② 林太乙:《林语堂传》,台北:联经出版事业公司,2011 年,第 147 页。

③ 林语堂在引言中说,"I have been privileged to read this open letter addressed to me before it goes to press. As I promised in my Preface, I shall be willing to assist anybody, who wishes to contradict me with very convenient material."。见 Yao Hsin-nung, "An Open Letter To Dr. Lin Yutang," *The China Critic*, Vol. 11, No. 7, 1935, p. 152。

第一篇文章“The Theme and Structure of The Yuan Drama”(《元曲的主题与结构》)的时间,恰好也是在1935年11月,这似乎从侧面印证了林语堂所谓“协助发表”云云。自此以后,姚莘农几乎一期不落,或翻译,或专论,或书评,成了《天下》最稳定的撰稿者之一,而这些稿件的共同点在于,它们所涉话题皆为中国传统戏剧。早在为周报和《天下》撰稿之前,姚莘农在上海戏剧、电影界已小有名声,自他加入编辑部后,杂志相关内容明显增多,其中最为人熟知的当属自1936年10月起分5期连载的英译版《雷雨》,这些全由他一手操刀完成。在姚莘农履职期间,《天下》的专栏《戏剧纪事》(Drama Chronicle)一律由他主笔,亦可证明他在戏剧领域的资历与声望——尽管彼时他甫及而立。

姚莘农的入局给杂志带来的另一变化是,他使得《天下》成了最早向英语世界介绍鲁迅的刊物之一。1936年10月鲁迅逝世后,姚莘农即作“Lu Hsun: His Life and Works”(《鲁迅:他的人生与文学》)发表于11月出版的《天下》之上,对鲁迅的文学人生做了相对完整的回顾。众所周知,鲁迅晚年思想“左”倾,而《天下》又有浓厚的官方色彩,两者原本风马牛不相及,若非姚莘农从中促成,想来杂志不会对鲁迅的逝世有如此迅速之反应,作为鲁迅的抬棺人之一,姚莘农显然在鲁迅和《天下》之间起到了桥梁的作用。同时,姚莘农加入后,《天下》有关现代文学的译介也明显增多。杂志一众编辑中,吴经熊是法学家,30年代中期以后转向天主教和中国古典文学,对进行时中的现代文学所知多少尚有疑问;温源宁是华侨,留学剑桥,是英语文学的专家,号称“比英国人还像英国人”[①],中文程度堪忧,写信尚需人代笔开信封,[②]现代中国文学恐怕不在他视野之内;全增嘏,哲学专业出身,关注和擅长的都是政经一类题材,人脉也多集中于此,不大可能主导现代文学的译介。如此看来,只有身在文学圈内的姚莘农有可能且有能力承担起相关工作,因此,我们大胆地将《天下》的这一变化归结到他身上。另据周劭[③](1916—2003)回忆:“姚克得任这个高级刊物的编辑,显然和诸公不同,并非因高官显职而是中西文兼优,为《天下》实际主持者吴、林诸公所赏识之故。”[④]事实上,姚莘农为诸公赏识恐怕不止于“中西文兼优”,他的加入丰富了《天下》的内容,拓宽了杂志的面向,对于一份旨在向西方传递中国形象的杂志而言,如果只有古典文学的译介而缺少了现代文学的相关内容,那必然是不够完整甚至有违初衷的。当姚莘农离任后,杂志中现代文学的相关内容亦随之大幅减少,这一巧合更令我们不得不正视姚莘农之于《天下》的意义。

1939 年 8 月起,姚莘农也成了 On Leave 的状态,增补他

---

① 林太乙:《林语堂传》,第 146 页。

② 周劭:《姚克和〈天下〉》,《读书》1993 年第 2 期,第 96 页。

③ 周劭,号黎庵,他并非《天下》与事者,据他说充其量只是经常出入愚园路编辑部,偶尔替不大通中文的温源宁捉刀中文书信。周劭初登文坛,与林语堂的提携不无关系,他最早公开发表文章即在林语堂所办《论语》,林语堂痴迷《浮生六记》时还陪同林去往苏州寻找沈复故迹。1936 年林语堂去国后,将《宇宙风》交给三哥林憾庐,随后在办刊过程中,另一创始人陶亢德深感与林憾庐性格不合,遂于 1939 年 9 月再办《宇宙风乙刊》,自 1940 年 1 月第 20 期起邀请周劭加入,成为杂志编辑,直至终刊为止。(参见《陶庵回想录》,第 160、175—180 页。)

④ 周劭:《姚克和〈天下〉》,第 95—96 页。

空缺的是叶秋原。[①] 据项美丽(Emily Hahn,1905—1997)回忆,当年在她江西路公寓里商议创立《天下》的众人之中,也包括叶秋原。[②] 在成为编辑之前,叶秋原也是杂志稳定的撰稿者,他与吴经熊的关系非同一般,两人先后皈依天主教,都是中国天主教发展史上绕不开的名字。因此,即便原先未曾挂名,叶秋原对《天下》相关事务势必不会陌生。杂志南迁后,人力与财力皆有不足,他此时接任编辑,已无力再为杂志开疆辟土,而只能勉力让它维持原有的风格与水平。

概言之,《天下》的编辑前后共有六位,除吴经熊、温源宁、全增嘏三位“从一而终”外,林语堂、姚莘农、叶秋原都是阶段性参与。姚莘农任职期间,为杂志打上了鲜明的个人印记,他的经历、背景、专业、人脉很大程度上影响了杂志的内容,丰富了杂志的面向,为《天下》在 20 世纪 30 年代上海的文坛中站稳脚跟提供了助益。林语堂和叶秋原因为原本就对杂志参与颇多,且与吴、温、全诸公同属一个圈子,给杂志带来的异质化成分反而不及姚莘农。其中,林语堂尚能凭借长期浸染出版界的经验,补足《天下》此方面的不足,并利用自身声望及麾下主理期

① 关于姚莘农担任杂志编辑的时间,另有一情况需补充。1937 年 8 月,姚莘农作为中国戏剧界的代表远赴莫斯科参加第五届苏联艺术节,此后由于战事加重,一度滞留英美诸国,发表宣传中国抗战之演说,直到 1940 年 8 月方才回到上海。《戏剧纪事》的主笔也在 1937 年 8 月以后更换人手,此后,除了他自己创作并翻译的戏剧《出发之前》刊登在 1938 年 8 月《天下》第 7 卷第 1 期以外,姚莘农亦再无文章在《天下》发表。因而,姚莘农真正离任时间尚需进一步考证,毕竟以当时的技术手段,“远程编辑”近乎不可能。至于叶氏,目前可见资料不多,1948 年他去世时,《益世报》曾对其生平有过简略介绍,其中亦提及 1939 年以后,叶秋原在香港担任《天下》编辑一事。(参见《叶秋原今日大殓 三八行追思弥撒》,《益世报》1948 年 3 月 4 日第 4 版。)

② Emily Hahn, *China to Me*, Philadelphia: Blakiston, 1944, p. 16.

刊为《天下》摇旗呐喊,[①]及至叶秋原加入编辑部之时,《天下》已然进入"乏力期",人力与财力皆有不殆,故而能延续杂志过往风格和水准已是不易,再想要开疆辟土属实有些强人所难。

《天下》所处的文学场域

自布尔迪厄将(Pierre Bourdieu,1930—2002)"场域"理论发扬光大以后,这一概念被越来越多地运用于文学、文化研究中,按其说法,"场域"是个体参与社会活动的空间,竞争激烈,个体通过赋予"符号"意义的方式累积"资本"。为了达成这一目的,"区分"[②]是重要的策略,在 20 世纪 30 年代上海的文学场域中,《天下》又是如何确立自身个性,建立不同于其他符号(杂志、期刊)的区分度? 彼时的上海,日军的炮火声虽未远去,但是在抗日战争全面爆发之前,各类杂志期刊呈井喷式增长,一时间大有八仙过海、各显神通之势。1933 年到 1937 年这段时期在中国期刊史上,又被称为"杂志年",早在 1937 年初,时人就曾总结:"二十三年(按:1934 年)之所谓杂志年,不过是个开端,二十四年而大进,二十五年则渐降而或入安定状态亦未

① 1935 年 9 月《宇宙风》的创刊号上赫然便印着《天下》的基本信息,包括创刊宗旨、编辑名单、定价、第一期目录等。林语堂利用自身资源,替《天下》"打广告",帮助《天下》扩大影响,积累声望,份属同一阵营的文人相互"照应",这在彼时的文坛中亦是较为常见的现象。

② 布尔迪厄在《区分:判断力的社会批判》一书中,大体上是借助这一概念分析品位、趣味和消费习惯与阶级、阶层分野之间的关系,本文仅在"办刊策略"这一狭义的层面使用这个词,用来表明《天下》和彼时其他英文出版物之间的区别。(参见[法]皮埃尔·布尔迪厄著,刘晖译:《区分:判断力的社会批判》,北京:商务印书馆,2015 年。)

可知。”[①]《天下》的诞生,一方面顺应了“杂志年”的大潮,另一方面,它以英语为载体,又和绝大多数中文期刊构不成竞争。因而,《天下》在文学场域中所处的位置,首先要以英文刊物为参照。

1935年,《天下》创刊,看似平地惊雷,实则有迹可循。《中国评论周报》就是一个楔子,《天下》诸君以英文涉足文学场域的经验多半来源于此,两个杂志编辑群和撰稿人群的高度重合亦引来当代论者注意,因而将其并置,做全面、综合之研究。[②]甚至于周劭这位自称经常出入愚园路1283号的《天下》见证者,也曾将周报主编桂中枢(1895—1987)错记成了《天下》编辑,并言之凿凿地说:“他之兼任《天下》编辑,我想他不是文学编辑而是政论编辑的缘故,因为《天下》并不是纯文学的刊物,也需要这样的一位编辑。”[③]《天下》需不需要政论编辑暂且不论,披览杂志,桂中枢的名字从未出现在编辑名单中却是事实。桂中枢虽不在《天下》编辑之列,却不妨碍《周报》为《天下》“摇旗呐喊”。《天下》初刊当日,《周报》即不吝版面做了详细介绍,“为了实现国与国间的友善,各国当培养文化间的共识。今日

① 舒新城:《两年来之出版界》,《中国新论》1937年第3卷第4—5期合刊。

② 黄芳:《多元文化认同的建构:〈中国评论周报〉与〈天下〉研究》,南京:南京大学出版社,2018年。

③ 周劭在《姚克和〈天下〉》中曾写道:“它(《天下》)没有‘主编’之类的名称,多名编辑也并不按姓名笔画为序,我记得那时有六位,首位是桂中枢,其次温源宁、吴经熊、林语堂、全增嘏,最后便是姚克,那时叫姚莘农(后期还添上一位叶秋原,也是立法委员)……”(周劭:《姚克和〈天下〉》,第95—96页。)

应运而生的《天下》,便明确地致力于此目标”[①]。除了阐明办刊宗旨,此文还对首期《天下》的内容做了简述,罗列了吴经熊、温源宁、钱钟书等人的文章标题,还特别提及了林语堂所译的《浮生六记》,并介绍了杂志的编辑,末了还不忘提一句“不自谦地说,以上诸位,几皆与周报有关”[②]。字里行间透露着与有荣焉之意。周报固然可以把《天下》视作彼间文化圈中派生出的一个分支,利用自身声望为其摇旗呐喊,然而《天下》的诞生,未尝不是为了克服周报及其他英文刊物“影响”的焦虑。是年 5 月,《大美晚报》(*Shanghai Evening Post and Mercury*, 1929—1949)已经为《天下》正式发行做了“预热”,不仅刊文介绍天下的赞助者、发行方、编辑,还归纳了《天下》最主要的两个特征:文化导向(culture in intention)和国际视野(international in scope)。[③]这既是《天下》的自我定位,也是外界对它的期待,上海的文学场域亟需一份以文化为导向,具备国际视野的英文刊物。

30 年代的上海,华洋共处,有着相当浓厚的“世界主义”氛围。自 19 世纪中后期以来,即有不少外资创办的英文报刊,除

---

① “Introducing The ‘T’ien Hsia Monthly’,” *The China Critic*, Vol. 10, No. 7, 1935, p. 148. 原文为“To achieve international good-will, nations of the world should cultivate mutual cultural understanding. To this task, The *T’ien Hsia Monthly*, which makes its bow to the public today, is avowedly dedicated.”。

② Ibid. 原文为“nearly all of whom, we are proud to say, are connected with *The China Critic*.”。

③ 《大美晚报》上的这则广告,亦从侧面印证了项美丽的回忆。项美丽于 1935 年 3 月抵达上海,4 月本埠英文报刊上即有她出席社交活动的报道。在与邵洵美结识后,项美丽江西路的住处成了邵洵美及其深谙英文之朋友经常聚会之所,《天下》的一众编辑亦包括在内,而他们商议创办《天下》正是在当年四五月之间。见“Chinese Scholars To Edit Monthly: ‘T’ien Hsia’ To Appear August 15 Under Sun Yat-sen Institute,” *Shanghai Evening Post and Mercury*, May 25, 1935, p. 2. Emily Hahn, *China to Me*, pp. 16 – 17。

了上文提及的《大美晚报》,尚有老资格的《字林西报》(*The North-China Daily News*, 1864—1951)及其周刊《北华捷报》(*The North China Herald*)[①],以政经评论出名的《密勒氏评论报》(*Millar's Review*, 1917—1953)[②],刊载本埠及海外新闻的《上海泰晤士报》(*The Shanghai Times*,1901—1944)等,这些报纸在当时的发行量都颇为可观。而华人所办英文刊物中,又属《中国评论周报》最为出名,此报在政经评论方面的声望堪与《密勒氏评论报》相抗衡,此外资方背景变换多次的《大陆报》(*The China Press*,1911—1949)在30年代以后,由著名报人董显光(1887—1971)主理,风头也颇盛。[③] 到了30年代中期,这些刊物已占据了上海英文出版界的大半江山,《天下》虽有中山文化教育馆资金支持,但如何从一众英文刊物中脱颖而出赢得读者,乃是创办者不得不考虑的难题。另一方面,上海的英文刊物虽多,西人对中国的了解与认识相比以往却未见得有何进

① 《字林西报》前身是创刊于1850年8月3日的《北华捷报》(周刊)之副刊《船务商业日报》,1864年7月1日字林洋行将《船务商业日报》改为《字林西报》,原先的《北华捷报》改为副刊,随《字林西报》附赠。初创时,仅为四版一张,后扩到18—32版。1951年停刊。关于《字林西报》的信息,参见汪幼海:《〈字林西报〉与上海近代新闻事业》,《史林》2006年第1期,第78—82页;韩春磊:《〈北华捷报/字林西报〉的历史沿革及其特点》,《兰台世界》2013年第4期,第117页。

② 《密勒氏评论报》创刊于1917年6月9日,曾六易其名,除了*Millar's Review*,还有*Millard's China National Review*, *Millard's Review of the Far East*, *The Weekly Review of the Far East*, *The Weekly Review*, *The China Weekly Review*。中华人民共和国成立后,刊物出版周期延长,因此更名为*The China Monthly Review*,然中文名始终沿称《密勒氏评论报》,不曾变更。

③ 《大陆报》的资方背景较为复杂,起初是由孙中山、伍廷芳、唐绍仪等人集资创办,交由美国人密勒(Thomas F. Millard)主理,此君即是《密勒氏评论报》创始人。辛亥革命以后,美资接管该报。1918年,该报又被转卖给英籍犹太商人爱资拉(Edward Ezra),直到1929年,《大陆报》才重归华资所有。(参见柳长:《董显光传略》,《民国档案》1989年第2期,第131—133页。)

步。20 年代后期,时人英国驻华使馆参赞的台克满(Eric Teichman, 1884—1944)便观察到:“英国在中国不受欢迎,很大程度上归咎于那些老派的顽固的‘中国通’,他们通常是记者或律师,其利益根植于治外法权保护之下的政权,心怀一种反华的条约口岸情结,对所有新兴的国民党领导下的中国抱以酸溜溜的、刻薄的态度。”①这种心态恐怕不乏代表性,在华西人享受着特权,自以为“中国通”,却对中国的现实置若罔闻,他们看待国民革命的方式如同看待晚清义和团运动,对于现代中国的崛起抱着鄙视和恐惧混杂的态度。在此种背景下,一份能够严肃、系统、高水平地展示现代中国的英文刊物呼之欲出,《天下》的诞生也就显得众望所归。

从商业角度而言,《天下》将“文化”作为突破口,又是实行差异化竞争的一手妙招,因为上海的英文报刊虽然繁荣,却并不专门耕耘文化领域,于中西文化之交流沟通也用力不多。这使得《天下》刚一亮相,便与那些主要报道政经时事的老牌英文报纸判然有别,一下子就引起了读者的注意。除此以外,文化类英文期刊的缺失也为《天下》“垄断”稿件提供了便利。以彼时国人的受教育程度,能直接以英文写作者必然是少数中的少数,如果再减去那些无暇或不欲写稿的,以及不热心“文化”者,剩下的人数恐怕就更加有限。因此,缺少同类型期刊的存在,《天下》的撰稿者就不至于分流,编辑就能最大限度地利用人脉

---

① Eric Teichman, *Affairs of China: A Survey of the Recent History and Present Circumstances of the Republic of China*, London: Methuen Publishers, 1938, pp. 51 - 52. 转引自李珊《〈北华捷报〉上的中国投书人——国民革命时期民族主义的对外表达》,《近代史研究》2018 年第 4 期,第 30 页。

资源,汇聚各领域精英人士为杂志撰稿,进而迅速确立杂志的“区分度”。

《天下》主打文化而非政经最大的收获在于,杂志无须拘泥于一时一地社会事件的讨论,能够专注文学、文化、社会、历史问题的深层解读,譬如《天下》对中国现代文学的译介,不仅开创了许多现代文学作品外译的先河,参与了当时国族形象的建构,而且为后来者观察语言与意识形态之关系提供了案例。正是由于《天下》独特的性质、高超的办刊水准、开创性的文化实践,使得刊物停刊近十年之后,上海本埠英文报纸依然会零星地刊载《天下》有关新闻,并使用诸如“杰出的杂志”(A distinguished magazine)①、“非凡的文化成就”(A remarkable cultural achievement)②等措辞对其予以褒奖。

《天下》与“天下”

“天下”二字在中国古代读书人心目中并不是简简单单的两个汉字而已,周克殷商以后,古代中国便围绕着“天”形成了一套以理性和德行为判断依据的政治理论与文化秩序,而这套政治理论和文化秩序被践行的现实空间就是“天下”。在古人的想象中,王都是“天下”的中心,也是文明的中心,大地则是一

---

① “T'ien Hsia, A Distinguished Magazine,” *Shanghai Evening Post and Mercury*, April, 20, 1949, p. 8.

② “R. A. S Hears Lecture on ‘T'ien Hsia Monthly’,” *The North-China Daily News*, April, 8, 1949, p. 3.

个回字形或者棋盘形的空间，由王都向外层层延伸，距离越远文明程度就越低。这套“天下”想象无疑是以自我为中心，它对何为“中心”有着清晰的概念和德行方面的要求，对于边缘却不大在意，身处四夷的外邦，只要认同中国文明，即可归入华夏之列，假如不认同，中国亦不会暴起挞伐，而是放任自流。由此造成的一个结果便是，古代中国的边疆常常随着文明的传播程度而变动，古人亦不觉得有确定明晰稳固之边疆界限的必要。以文明判断夷夏的方式对外衍生出一套朝贡贸易体系，对内则塑造了中国人对于王权特殊的认同方式，古代中国人往往不会把种族视为王权合法性的基础，而是以道德、文化作为判断依据，只要服膺中国的文化，遵循相应的道德伦理，那么无论这一王朝是由谁建立的，它都能获得世人的认同。钱穆在《中国文化史导论》中就说：“在古代观念上，四夷与诸夏实在有一个分别的标准，这个标准，不是‘血统’而是‘文化’。所谓‘诸侯用夷礼则夷之，夷狄进于中国则中国之’，此即是以文化为华夷分别之明证，这里所谓文化，具体言之，则只是一种‘生活习惯与政治方式’。”[①]所谓的“夷夏之辨”大体就是这个意思，而古代中国人的“天下”观念简单来说就是一整套关乎中国与世界之文化、政治秩序的想象。

近代以来，世人常有中国已遭数千年未有之变局的感慨，此变局之根源即“天下”观念的破灭。在新的历史情境下，源自西方的“民族国家”概念随着列强入侵和日本崛起渐为中国士人所接受，中国人对于自我和世界的认知产生了根本变化，罗

① 钱穆：《中国文化史导论》（修订本），北京：商务印书馆，1994 年，第 41 页。

志田用“从‘天下’到‘世界’”①形容这一变化,王柯则称其为“从‘天下’国家到民族国家”②。两人用语稍有差别,但就晚清士人“天下”观念之破灭达成了共识,不同处在于,罗志田更关注这一进程中的思想演变,而王柯更偏重民族意识、国家形态层面的分析。在思想层面重建自我与他者的认知体系,在政治层面厘清民族与国家的关系,是晚清以来中国知识分子两大当务之急,后者往往还构成了前者的基础,因为“民族国家”被认为是现代性的基石之一,也是中国知识分子重新思考中国与世界关系时的出发点。因此,杜赞奇(Prasenjit Duara)所谓从“民族国家拯救历史”的理论对于界定《天下》的性质便具有重要参考价值,杜赞奇认为“历史是非民族国家转入民族国家的主要模式”,是“民族的生存形式”,这一点似乎特别适用于晚清到 20 世纪上半叶的中国,因为彼时中国人面临列强入侵引发的存亡危机,迫切渴望以民族国家的形式“成为文明世界的一员”,从而“以历史主体的资格进行自卫”。③《天下》因其文化交流的定位,英语发行的特殊性,即便不正面涉及自我、民族、世界等问题,实则亦是此种论述之一环,何况《天下》直面此话题之文章亦不在少数,譬如介绍中国上古史争论的一系列文章就属于直面历史建构问题之典型。

“天下”二字背后的意蕴,对于深谙中国古典文化的吴经熊而言,不可能不了然于胸,他以此为杂志命名,恐怕不仅仅如他

① 罗志田:《天下与世界:清末士人关于人类社会认知的转变》,《中国社会科学》2007 年第 5 期,第 192 页。

② 王柯:《从“天下”国家到民族国家》,上海:上海人民出版社,2020 年,第 288 页。

③ [美]杜赞奇著,王宪明译:《从民族国家拯救历史:民族主义话语与中国现代史研究》,北京:社会科学文献出版社,2003 年,第 14 页。

所说,恰好在孙科那里看到一张“天下为公”的横幅那么简单。实际上,“天下”十分契合杂志的调性:一种融合了文化、政治与道德关怀的言说方式。对此,亲历过《天下》创刊的项美丽早已道破:“这些人因为一个令人兴奋的计划汇聚在一起——出版一个英文杂志——致力于用文学为手段达成东西文化共识。背后的意图是政治性的,然而被隐藏了起来。”①乍看之下,项美丽的这番话颇有些诛心的意味,不过这也正体现了中西不同语境下,对于“文化”二字的理解差异。在古代中国人的“天下”认知中,文化与政治本就密不可分,所谓“修文德以来之”便是这一观念最好的体现。晚清以来这一观念虽已破产,但现代中国知识分子并没有因此就排斥文化的政治效用,将文化彻底归入纯粹的审美领域(实际亦不可能),以文化手段解决政治问题的思路依然在晚清到“五四”的一系列社会思潮中留下了鲜明的痕迹,“新文化运动”就是其中的典型。尽管《天下》宣称只谈文化,不论政治,但吴经熊等人避而不谈的最多只是现实的、具体的政治事件,他们在骨子里依然期望文化可以解决社会问题,消弭国际争端,使中国能够成为杜赞奇所谓“文明世界的一员”。因此,与其说《天下》所持的立场是超政治的,毋宁说它是泛政治的。到了 20 世纪 30 年代后期,随着中日冲突升级,战争更成了中国知识分子无法回避的话题,所有宣称与现实政治无涉的期刊,无论是宣扬幽默,还是倡导文化交流,都面临着严

---

① Emily Hahn, *China to Me*, p. 17. 原文为“These people were drawn together in an exciting new project, a magazine to be published in English, devoted to bringing about more mutual understanding between West and East by means of literature. The idea behind it was political but that was concealed.”。

峻挑战,《天下》也不能例外。在此语境下,《天下》在发刊词中宣称的立场——“我们唯一排除的内容便是现实的政治争论”①亦随之受到动摇,而其竭力倡导的“文化”之内涵,则有待重新检视。

基于以上原因,本书的研究将从《天下》诸君思想的剖析、心灵的解读入手,进而讨论杂志对于中国现代文学的译介,最后借助《天下》对中国上古史的讨论,引出杂志同人对文化、国族、历史的解读。术语方面,本书采用“国族”而非更为常见的“民族”,主要基于以下考量:如前文所述,19 世纪中后期以后,中国开始经历由“天下国家”到“民族国家”的现代转型,此处的“民族国家”来自欧洲的 nation state 这一概念,而 nation state 在欧洲,多数都是单一民族国家,中国的情形与之截然不同。因此,中国知识精英对国家形态的设想、对国民形象的建构似乎也不能完全被“民族国家”这一概念所涵盖,这是取“国族”舍“民族”的主要原因。此外,《天下》主事者和撰稿人在涉及相关问题讨论时,并没有将之诉诸概念和理论,他们的出发点往往是常识与情感,因而相比于浸染了太多理论色彩的“民族”,“国族”一词似乎更能贴切地反映出他们对国家形态、国民形象等话题的朴素关怀。

第一章从吴经熊入手,挖掘他从最初选择法学作为专业,到 20 世纪 30 年代中期以后转入文学和宗教背后共通的心理动机。在吴经熊看来,研习法学本是为了探索人类社会的本

---

① Sun Fo, “Foreword,” *T'ien Hsia Monthly*, Vol. 1, No. 1, 1935, p. 5. 原文为“The only thing we rule out is current political controversies.”。

质，进而变革人们的情感与思想，当此路径遭遇现实挫折，他转而以文学和宗教谋求同样的效果就显得顺理成章。因而，当他提出“新的开阔的人文主义”这一概念，并试图以宗教和文学表达对现实人生和家国命运关怀之时，我们再一次生动见证了“感时忧国”精神在中国现代知识分子身上的传承。在面对现实人生时，幽默与调和是他直面苦难的姿态，在涉及家国命运时，他的立场在世界主义与民族主义间反复摇摆，他对中西文化开明与包容的态度建立在文化保守主义的前提下，他的世界主义心态亦随时受到朴素的爱国热情的侵扰。超越东西方是吴经熊的文化理想，然而他最终仍是在用东方的方式解读西方，他所谓向内超越的道路只是将原本属于认知领域的事实判断转换成情感和信仰层面的价值判断，知识因此成了情感的注脚，东西间的文化差异在此情境下获得了想象中的成功。

第二章主要着眼于温源宁抗战前后对日言说的话语策略，以及他背后的文化心理。温源宁的对日言说基本上是以杂志主编身份完成的，自 1937 年起，他在杂志卷首的“编辑杂议”一栏里就不时提到进行中的抗战。相较于九一八事变以来中国知识分子在英语语境下的对日言说，温源宁在话语策略的选择上尤其注重从法理以及道德两方面入手，论证中国抗战的正义性，并且会以一种全球性视角，将中国纳入人类文明共同体，以此驳斥日方的战争宣传，为中国争取国际社会舆论。此外，温源宁又特别看重“文化”的力量，多次强调中国在文化方面的优势，随着抗战推进，战局逐渐倒向中方，甚至表达出了类似“抗战兴国”的观点。这种文化心理迥异于晚清以来的中国知识分子，背后的原因或许同他自幼生长于南洋，对于中国文化的认识多来源于言谈、典籍和想象而非现实体验有关,这使他免受新文化运动以来“全盘反传统”思潮的影响,亦无须直视传统与现实间的龃龉,因而能将对中国文化的想象尽数归于审美层面的美学经验。

第三章将介绍《天下》对中国现代文学的译介,分析《天下》选择作品的标准及原因。因为语言,《天下》一定程度上可以免于介入当时的文学论争,至少不用正面回应“革命文学”和左翼理论家的主张,在一片“感时忧国”的氛围中保有相对独立的话语空间。但是,即便没有外界语境造成的压力,《天下》诸君仍然要面临“理智与情感”的挣扎,他们矛盾纠结之心态或许不如吴宓“二马裂尸”那般严重,然而重实用、重担当、重进步的乐观精神和重个人、重审美、重反思的怀疑态度仍在不断拉扯。这一角力过程,不仅是中国现代文学史发展的一个缩影,也折射出当时知识分子在面对大时代时充满困惑的精神状态。

第四章主要分析中国现代文学译介的效果,考察其在参与国族形象建构过程中发挥的作用和留下的遗憾。1250 年前后,中国进入西方视野,在此后漫长的历史进程中,中国大多是高尚、文明的象征,直到 18 世纪后期,情况急转直下,终成“老大帝国”。然而不管是天朝上国也好,“老大帝国”也罢,中国形象都是经他者言说而形成的。直到 20 世纪以后,中国的知识精英才开始自我言说,《天下》便是一个典型的代表。因而,《天下》在构建中国形象时,不仅要顾及历史语境中的中国,更要与西方进行时中的中国话语对话,力图呈现一个文明、进步的国族形象。这一预设目标局限了知识精英观察现代中国的视角,更影响了文学文本的翻译,使得文本的内涵在语言转换过程中出现了偏差,对现代文学和现代中国的多样性造成了伤害。

第五章考察杂志所载与报刊书籍有关之文章，此类文章涉及书籍装帧形式、印刷方式、编目等问题的历史演变等，亦涉及当代书籍报刊发行数量、种类的变化等。报刊书籍是晚清以来中国士人和知识分子实施思想变革的重要途径，在技术层面，亦是新旧中西交汇之时，双方直接发生碰撞的领域。《天下》相关文章，一方面从专业角度出发，讨论书籍“物质性”元素、媒介功能的演变，指出其与社会启蒙的关联，担忧其与生俱来的商业娱乐属性对知识生产的侵蚀；另一方面，在跨语境视野下，这些文章背后亦隐含着对中西文化不同特质的反思，并且受益于英语写作的缘故，文章的作者在表达自身立场时，能够脱离中文语境下几乎形成定式的价值判断，重新审视书籍及其背后的文化、思想之价值。

第六章重点探讨《天下》所刊中国上古史相关内容。清末民初以来，伴随着学术思潮演变和考古挖掘推进，有关中国上古史的讨论经历了从信古到疑古再到重建古史的过程。学术层面，这一领域的研究最能体现中国现代学者所谓“学战”意识，一方面要在学术领域击败西洋与东洋的汉学家，让汉学研究的中心回到中国；另一方面则要以现代性为基础，重塑中国文化，重拾文化自信。现实层面，抗日战争的背景又使得上古中国起源问题与帝国主义侵略产生了隐秘关联，通过重建中国上古史来厘清中国起源问题被赋予了提振现实中国抗战士气之意义。这使其从一个学术问题扩大为一个公共话题，《天下》介入此话题的方式及立场显示出 30 年代中期，中国知识分子对于民族主义与世界主义之立场已悄然改变，“道高于国”的观念让位给现代民族国家的概念，传统中国的现代转型成果初现。

第一章　超越东西方:保守与激进之间的艰难尝试

《天下》得以问世,吴经熊当居首功,杂志的理念与办刊方针是他同温源宁一起确立的,经费是他凭私交向孙科申请的,当杂志编辑部因战事南迁,人力财力皆陷入困境,亲力亲为承担起撰稿任务,使杂志勉力维持下去的,仍然是他。吴经熊本是沪上出名的法学家,又是国民政府的立法委员,20 世纪 30 年代中期,他突然从法律界抽身离开,投入文化领域,当起了出版人和作家,令时人为之瞩目。对他本人而言,这种转变固然有现实政治方面的原因,但最根本的动力在于他看待文学与法学的方式不乏相通之处,他认为两者都有助于解决现实问题,实现对公平、正义和善的朴素追求,区别只在于,法学直接而文学委婉。正因如此,当他在法学领域的实践受挫后才会毅然转向文学,这种思路对于经过"五四"洗礼的知识分子而言并不陌生,也只有回到此种语境之下,吴经熊的人生选择才能更透彻地为后来者所理解。而当他转向后,内心又须得在西方教育经历和本土生命经验之间拉扯,前者是他理性的源泉,后者则是他情感的依托。他试图超越东西、融汇中外,在理智与情感之间寻求内心的平衡,但现实的危机、精神的困惑都让他的超越之路无比艰难,亦使他的文化立场在东西两端间来回摇摆。最终,吴经熊选择皈依宗教,作为自己超越东西的最后尝试。他的尝试或许难称成功,却不乏借鉴意义,他的犹疑固然令人不解,但正折射出一整代知识分子的精神困境。

"法""文"并举,中西杂糅

吴经熊,字德生,1899 年生于浙江宁波。父亲吴葭苍,人称"苍师傅",生于 1847 年,出身贫苦,以学徒身份白手起家,先做米商,40 岁成为银行家,50 岁被推举为当地商会主席,1909 年去世。母亲余桂云,吴经熊称她"小娘",生于 1873 年,亦是贫苦人家出身,16 岁被"卖"入吴家为妾,婚后育有两子一女(吴经熊排行最末),1903 年去世。按旧时习惯,吴经熊是"庶出",比之"嫡出",家中地位本稍逊一筹,但吴葭苍与原配夫人未有子嗣,自然也就不存在嫡庶之争。生母早逝后,吴经熊由"大娘"(即吴葭苍原配)抚养,一直到 1914 年"大娘"离世,是年吴经熊 15 岁。

1905 年,6 岁的吴经熊开始接受传统教育,方式是请私塾老师在家讲学,恰在这一年,清朝取消了科举制度。9 岁起,吴经熊开始学习英语,这在当时可谓得风气之先,也为吴经熊日后的求学道路打下了语言基础。“中西杂糅,新旧并举”是吴经熊早年所受教育的基本情况。同时,宁波作为最早开放的通商口岸之一,自19世纪中期开始,传教士的活动就很频繁,吴家虽不是信徒,耳濡目染之下,吴经熊对基督教多少也有几分亲近。1916年,17岁的吴经熊外出求学,最先进的就是带有浸信会背景的沪江大学①。是年冬,有感自然科学非其所愿,在同乡徐志摩(1897—1931)的倡议下,吴经熊考入天津北洋大学法律系。一年以后,因北洋大学法律系与北大合并,吴经熊不愿继续北上,遂转入上海的“中华比较法律学院”(The Comparative Law School of China),即著名的东吴法学院,入学时的注册名为John Wu。这一年,吴经熊正式成为一名基督徒,此后他除了在东西新旧文化间徘徊外,还多了一层宗教视野。

1920年,吴经熊从东吴法学院毕业,获法学学士学位。同年秋,吴经熊远赴密歇根大学法学院继续深造,学习国际法和比较法。入校伊始,当地宗教氛围的缺失,以及金钱至上观念

---

① 沪江大学初名上海浸会道学书院,1906年由美国来华浸信会传教士创办。1911年起,学校推行教学改革,除国文外,全部学科以英文教学,1915年正式更名沪江大学(University of Shanghai)。首任华人校长刘湛恩(1896—1938)博士任职的十年(1928—1938),被认为是沪江大学最辉煌的时期。然而,随着1937年抗日战争全面爆发,以及紧接着发生的刘湛恩被日军秘密刺杀事件,沪江的黄金时代一去不返。值得一提的是,刘湛恩之所以被日军派人刺杀,与本书讨论的话题不无关系。在抗日战争全面爆发以后,他就积极投身民间抗日爱国运动,利用自己与教会的关系向外界披露了大量南京大屠杀的第一手资料,因而引起了日军的不满。这一时期,他除了担任沪江大学校长以外,还是沪上民间人士自发成立之“抗敌委员会”的委员,而外宣,尤其是面向英语世界进行抗日宣传,是该委员会日常事务的重要内容。多数时候,宣传材料由著名报人,曾长期担任《大陆报》主编,时任国民党中央党部宣传部副部长,主管国民政府外宣事务的董显光(1887—1971)组织提供。换言之,此时沪上的抗战外宣是官方与民间爱国人士亲密合作的产物。无独有偶,《天下》的另一名核心人物温源宁,此时亦是“抗敌委员会”之成员,因而,他在《天下》发表的对日言说也得放在这一背景下加以考察。此问题留待下文详述。

的盛行令他大感不适。一年以后，吴经熊即获博士学位。1924年回国前，吴经熊先后在巴黎大学、柏林大学、哈佛大学访学，结识诸多法学名家，尤以同美国最高法院大法官霍姆斯(Oliver Wendell Holmes, Jr. 1841—1935)的鱼雁往还最为人称道。归国以后，吴经熊最初担任东吴大学法学院教授，1927年元月，被任命为上海临时法院法官，并主理东吴大学法学院。这一年，是他自认“公共生活最快乐的一年”，他的裁决“得到中外报刊的良好评价”，自觉“正在用自己的法学观点塑造中国法律”。[①] 1929年，吴经熊的仕途更进一步，被任命为上海临时法院院长，但他年底便辞职赴美，先是在芝加哥西北大学主持罗道成讲座(Rosenthal Lecturer)，1930年春季学期，又去往哈佛访学。学期终了，吴经熊因为“精神不振，心灵一片空白”，加之“思乡病犯了”[②]，遂打道回府。

1930年秋，吴经熊在上海开设了自己的律师行，得益于此前在法律界积攒的名望，客户蜂拥而至，第一月收入即高达4万两白银。[③] 此后的两年半，吴经熊每晚都要出去应酬，逐渐远离了宗教，“沉迷于形形色色的算命”，变成了“不折不扣的花花公子”，以至于后来“即使是想起那些日子，也能闻到一股地狱的气息”。[④] 1933年，吴经熊再度出仕，进入立法院，在孙科领导的宪法起草委员会担任副委员长，由他主导的宪法草案被命名为《吴氏宪草》。1935年，在孙科与中山文化教育馆的资

① 《超越东西方》，第120页。

② 同上书，第140页。

③ 同上书，第153页。

④ 同上书，第153页。

助下,吴经熊与温源宁等人一同创立《天下》,他的生活重心逐渐由法律转向文化与宗教。之后日本发动全面侵华战争,1937年11月,吴经熊在友人袁家璜家中避难,偶然读到圣德兰(St. Therese of Lisieux, 1873—1897,又称“圣女小德兰”)传记《一个灵魂的历史》(*The Story of A Soul*),决心皈依天主教。遂于同年12月18日在震旦大学附属圣母小教堂完成“有条件的圣洗”(conditional Baptist)①。

1938年1月,随着战局日趋严峻,吴经熊与《天下》编辑部同人一道避难香港,此后《天下》征稿难度增加,编辑同人“时常促我写稿”②,于是吴经熊“兴趣转到了中国诗歌上”③,开始大量翻译中国古典诗词,先后译出两百余首,陆续登出。1941年底太平洋战争爆发以后,《天下》终于难以为继,吴经熊的人身安全亦受到威胁。1942年1月,他和叶秋原一道被日本军方软禁,获释后行动依然受限。5月,吴经熊举家逃离香港,此后数年辗转桂林、重庆之间,并受蒋介石委托翻译《圣咏集》与《新约》。至此,吴经熊的生活重心开始转向宗教,他试图从天主教教义出发,融合东西文化,最终发现,“我们的朝圣之旅既不是朝东的,也不是朝西的,而是朝内的,这就是我所谓的‘超越东西方’了”④。

1946年12月,吴经熊以中华民国驻梵蒂冈公使之职奔赴罗马;1949年7月,卸任公职,此后长期客居夏威夷、新泽西,

---

① 《超越东西方》,第284页。

② 吴经熊著,徐诚斌译:《唐诗四季》,台北:洪范书店,2003年,第1页。

③ 《超越东西方》,第288页。

④ 《超越东西方》,第402页。

在学院中担任法学教授。1966年起，吴经熊定居台湾，两年之后，他开始在中国文化大学任教，并一度担任该校哲学研究所博士班主任。1986年，吴经熊去世。1999年，中国文化大学举办吴经熊诞辰一百周年纪念研讨会，会议论文随后结集出版，其中所收文章，涉及法学、宗教、文学等诸多领域，它们既是吴经熊博闻多学的体现，也是吴经熊一生奋斗留下的痕迹。吴经熊在宗教与法学领域的贡献已多有讨论，尤其后者，许章润曾直言："整个二十世纪，真正享有世界级剩余的中国法学家，惟吴公经熊先生一人而已。"①至于他的文化立场，他试图"超越东西方"的文化实践，历来却着墨不多，实际上讨论吴经熊的文化实践，不能完全脱离他的法学思想，他在法学中苦苦求索之物未尝不是他悠游文学之林的初衷。"法""文"并举，中西杂糅，堪称吴经熊一生最真实写照。

作为"方法"与"本质"的法学

吴经熊的本行是法学，他最初进入公众视野，凭借的正是自己在法学领域的造诣，日后兴趣转向宗教和文学之后，也没有放下老本行，那么法学之于他究竟意味着什么？在自传里，吴经熊对自己的求学经历叙述得颇为详细，而对于自己从自然科学转向法学的动机一笔带过，除了徐志摩的倡议外，只笼统地交代了一句："在我看来，法律是社会的科学，正如科学是自

① 吴经熊：《法律哲学研究》，北京：清华大学出版社，2005年，第15页。

然的法律。”[①]彼时,他对于法律是什么尚没有明确的认识,只模糊地感觉到那是一种本质性的东西,能够直抵真理内部。大约5年以后,吴经熊在密歇根获得了卡内基国际和平基金(Carnegie Endowment for International Peace)提供的旅行奖学金,他选择去巴黎大学继续从事国际法研究,在那里他给霍姆斯写了第一封信,信中言辞稍许透露了关于自己学习法律的动机:“我将在巴黎尽力而为;尽我可能地读和写;尽可能深刻地观察和思考。作为一名中国人,我有一个祖国要拯救,我有一群人民要启蒙,我有一个种族要高举,我有一个文明要现代化。”[②]此种少年人的豪情,大抵与梁漱溟所谓“吾曹不出如苍生何”相当,因此,尽管“五四”在吴经熊的自传中令人颇感意外地缺席了,但我们仍能看到激荡的时代思潮对于个体生命的影响。结合吴经熊的研习对象——国际法与比较法——他个人选择背后具体的历史语境更加呼之欲出。“作为一名国际法学生,我急于找到它演化中过去的痕迹、现在的阶段和将来的趋势。……假如国家主义的到来有助消除家族之间的血仇,国际主义结束国家之间的战争是否还是不可能的呢?而这种战争在我看来无异于大规模的血仇。”[③]一战、巴黎和会、五四运动、民族主义与世界主义的激辩,这些具体的历史事件和时代思潮仍然是他做出个人选择时重要的驱动力。正因如此,吴经熊在自传中对巴黎和会、五四运动不着一字就尤为令人遗憾,因为

---

① 《超越东西方》,第52页。原文为“To my mind, law was the science of society, just as science was the law of nature.”。

② 《超越东西方》,第95—96页。原文为“As a Chinese I have a country to save, I have a people to enlighten, I have a race to uplift, I have a civilization to modernize.”。

③ 《超越东西方》,第97页。

他的生命体验以及随后做出的人生选择，原本能为后来者提供一个新的视角，重新审视思想史“大传统”与私人生活“小传统”之间的联结方式。1924 年回国前夕，吴经熊给霍姆斯去信时，言辞间透露了时代之于他的影响：

> 中国正处于一场大革命的前夕。这不是一场政治革命，而是一场知识和思想的革命，一次文艺复兴！本世纪将目睹世界最古老国家的再生，一个中西联姻的婴儿的诞生，我将在这场光荣的运动中发挥自己的作用，您可以相信您播撒的种子将在那片遥远的土地上获得丰收。①

晚清以降，中国的文人知识分子即走上了“寻求富强”②之路，各式技术革新、政治改良、思想革命纷至沓来，内中主题，罗志田曾以“满汉中西新旧”③六字加以概括，到吴经熊这一代，满汉问题相对已不那么令人困扰，唯有“中西新旧”仍是萦绕不去的大问题。年纪较他更长一些的《新青年》同人，一度表现出强烈的“全盘反传统”④倾向，依循“借思想、文化解决问题”⑤的

---

① 吴经熊著，郭兰英译，李嘉熙校：《吴经熊与霍姆斯通信选》，载吴经熊：《法律哲学研究》，第 328—329 页。

② ［美］本杰明·史华兹著，叶凤美译：《寻求富强：严复与西方》，南京：江苏人民出版社，1990 年。

③ 罗志田：《中国的近代：大国的历史转身》，北京：商务印书馆，2019 年，第 5 页。

④ 林毓生著，穆善培译：《中国意识的危机："五四"时期激烈的反传统主义》，贵阳：贵州人民出版社，1988 年。

⑤ 林毓生：《中国传统的创造性转化》，北京：生活·读书·新知三联书店，2011 年，第 193 页。

路径,谋求一套解决方案,最终发现此路不通,要解决社会问题仍要回归具体的政治与公共事务的讨论。相较之下,吴经熊的做法来得更为直接、更为具体,既然中国面临的危机缘于无力应付不断升级的国际冲突,那么从法律层面谋求消弭冲突则无异于绝薪止火,如此中国便能脱离被霸凌的窘境。除此具体目的以外,吴经熊对于法学在变革中国社会过程中应当扮演的角色,有着更加深切的期待,它亦需要担负起变革思想与再造心灵的重担,以实现“世界最古老国家的再生”。

1930 年代中期,吴经熊突然放弃了法学方面的相关工作,将生活的重心转向宗教与文学,这在当时很多人看来颇为费解。若是结合吴经熊对法学的体认,便不难发现,此种转变背后有着一以贯之的初衷。研习法学的目的既然是探索人类社会的本质,进而变革人们的情感与思想,那么当此路径遭遇现实挫折——政治和私人生活两方面——之后,以宗教和文学谋求同样的效果便显得顺理成章,据上文所引书信内容,至少在 20 世纪 20 年代初,吴经熊对新文化运动的思路与理念心有戚戚,亦渴望用知识、思想之革命完成文化革新,而非如其后人所言,与“五四”风气相悖,并不“绝然相信理性主义,将它奉若神明”①。此一时期,吴经熊在阐述法律的功用时,明确提出:“法律的目的,亦在于促进人类的文化。”所谓文化,一是“以理胜欲”,二是“用智力驾驭自然势力”。② 这大体上沿袭自欧洲启蒙时代里来形成的观念,吴经熊以为,理性是文化最重要的内涵,借助理性,

① 吴树德著,许章润译:《温良书生 人中之龙》,载《法律哲学研究》,序,第 10 页。
② 吴经熊:《法律的基本概念》,载《法律哲学研究》,第 10 页。

个体得以发展,社会才能进步。因此,身为法学家,当致力于“创造活法,废止死法,创造动法,废止静法,庶几文化不至停滞,人类亦得以进步了”[①]。具体到法律如何扶助文化,弥补中国社会的弊端,吴经熊以为:“譬如我们中国人缺乏个性……法律、经济、宗教、教育各部分都当联络起来,将那习惯、旧观念一概而扫。……个性既经发展,真正的合群精神和协作能力方能实现,文化事业自然容易发达了。”[②]从观念到用语,都不难看出严复翻译《群己权界论》、梁启超《新民说》等晚清以来重要的思想史事件对他的影响,而他对法学的期待同晚清以来许多文人知识分子对文学的期待一般无异。由此看来,他日后由法学转向文学也就不显得突兀了。在这个意义上,法学既是“方法”,又是“本质”。吴经熊归国以后的经历亦证明,他试图在实践(担任法官断案)和理念(起草宪法)两方面同时入手,践行自己当初许下的志愿。

出“法”入“文”,超越东西

吴经熊在20世纪30年代初的转向,有着具体的现实政治的原因,他的上司孙科未能在国民党高层的内部斗争中真正掌权,他本人在立法院所做的立宪工作又遭受多方攻击和质疑,因此心生厌倦。在后来的日记中,吴经熊简单记录了这段时期自己的心路历程:

---

① 吴经熊:《法律的基本概念》,载《法律哲学研究》,第10页。

② 同上。

现在我逐渐意识到,人生如梦,不过梦中仍有真切之物。我是从经验中知道这一点的。因为我积极地介入了实际生活,尽管本质上我是一个不实际的人,然而我不会故步自封。生活,尤其是政治生活,就像走钢丝,你得时刻保持平衡,稍有不慎就会失足跌落。你的上司、下级、同事、朋友,甚至于上门求职的人,你都要得体而又真诚地应对——惟得体才能使他们满意,惟真诚才能使自己满意。你常会发现自己进退维谷。目前为止,我做得还不错!而几年前当我在立法院起草宪法时,我成了许多人攻击的目标……在那四年中,有一个人始终是我坚定的朋友,他就是我的上司孙科博士……白天,我们在立法院为了无关紧要的提案争吵,晚上,尤其是那些星光璀璨的夜晚,我们一道感叹生命的易逝。①

---

① John C. H. Wu, “Beyond West and East,” *T'ien Hsia Monthly*, Vol. 4, No. 1, 1937, pp. 12 - 13. 原文为“But now I have gradually come to realize that life is a dream, but that something real and earnest may come out of the dream. And I have learned this from experience. It is thanks to my intensive participation in practical life that although I am by nature a star-gazer, yet I seldom fall into wells. For life, especially in politics, is like tight-rope walking. You have always to maintain your balance. A little slip may cause you to fall. Your superiors, your subordinates, your colleagues, your friends and finally job-seekers are all to be dealt with tactfully and yet with sincerity: with such tactfulness as to satisfy them, and with such sincerity as to satisfy yourself. You will often find yourself between the devil and the deep sea. So far, so good! Although several years ago when I was drafting the Constitution, I used to be a target for many slings ... During these four trying years, one person has remained my constant friend, and that is my political superior, Dr. Sun Fo ... While in the daytime we might be arguing about some insignificant bills in the Legislative Yuan, in the evening, especially when the stars were sparkling over our heads, we used to meditate together on the evanescence of life.”。

国民党的政治生态不是我们关注的重点,吴经熊号称脱离政坛,实际上也只是不再过问具体立法事务,仍保留了立法委员的头衔,20 世纪 40 年代以后还一度担任中华民国驻梵蒂冈大使,并非全然不涉"政治"。相比于政坛的纠葛,立法进程遭遇挫折恐怕才是吴经熊转向内心,试图从古典文化与宗教中寻求慰藉的主要原因,《天下》的问世很大程度上亦是他克服精神困境、顺应内心需求的产物。至于他为何有此选择,一方面因为以文化手段解决现实问题本就是时代思想的大潮,吴经熊亦受此影响;另一方面则是因为文学恰又是他的兴趣所在,是他抚慰心灵的主要方式。① 因此,出"法"入"文"既是理性的追求,亦是情感的安慰。

事实上,外部环境的变化最多是为吴经熊的转向提供了一个契机,真正的内驱力是吴经熊对文化的独特理解,这种理解又与他的生命体验息息相关。在 1936 年底的日记中,吴经熊用一种伤感的口吻回忆了自己的父母,也记录了自己"痴迷文化"(so much spellbound by the charms of culture)的理由。他

① 早在吴经熊以大法官身份行走沪上之时,他的文学造诣、文化修养即已获文化界人士承认。1926 年,邵洵美(1906—1968)自法国负笈归来,在一品香刘海粟召集的宴会上识得滕固,自此开启了狮吼社之新阶段,此事且不必提。在同一场合,邵洵美亦初见滕固口中"文学的法学家","藏着几千本外国书,几千部中国书,能随时引用古诗去证明他法学上的见解"的吴经熊。用倒放电影的眼光看去,《天下》的创刊某种意义上也要归功于吴经熊和邵洵美的此次相遇,若非如此,也不会有 10 年之后,吴经熊等人在邵洵美情人项美丽住处商议创立杂志之契机。并且,如吴经熊所言,他一开始的计划是办"中英文的文学和文化期刊" 而非英文期刊,虽然他的设想没有实现,但是邵洵美和项美丽在《天下》发行后,紧接着出版了双语月刊《声色画报》(Vox,1935 年 9 月—11 月)。这份杂志仅出版 3 期便告终了,足以证明双语期刊设想之不切实际,然吴经熊与邵洵美、项美丽于出版实践方面之相互影响,由此亦可见一斑。(参见邵洵美:《儒林新史》,上海:上海书店出版社,2008 年,第 223 页。)

的父亲是一个成功的银行家,却不曾留下只言片语的文字,只留下了整整十卷账本,以至于父亲去世后,他便失去了通过文字了解父亲的途径。似乎是为了弥补这一遗憾,从此,吴经熊对写作、文学和文化的执念日益加深。① 在他看来,只有写作才能留下个体的生命体验,才能永久地维系自我与他者的纽带,以此证明这个个体曾经存在。不止如此,吴经熊认为每个个体,无论他是平凡还是伟大,都有资格通过写作留下自己的生命痕迹,这不是文学家和思想家的特权。他在日记中曾反问:

> 难道因为别人唱得比我好,我就要停止歌唱?难道因为玫瑰和牡丹开得灿烂,卷心菜就要独自腐烂而不去抽芽?难道麻雀只会啁啾就要因此自杀?难道因为明天太阳会升起,星星就要停止闪烁?②

写作之于吴经熊犹如空气和水,是生命的必需品,不止因为写作比政治权谋更有意思(writing is a little more interesting than fighting and playing politics),还因为写作能给予他人生的乐趣。这么做的结果看似不太美妙,"总是冤家真善美,被他

---

① John C. H. Wu, "More Pages from My Diary," *T'ien Hsia Monthly*, Vol. 4, No. 2, 1937, p. 155.

② Ibid., p. 157. 原文为"Should I therefore cease singing because other birds have sung better? Should the cabbage allow itself to rot at the heart and refuse to sprout forth, because roses and peonies are so beautiful? Must the sparrow commit suicide because it can only chirp? Must all the little stars cease to sparkle because tomorrow the sun will shine?"。

累得一身贫”[①]。与其说吴经熊是在抱怨,毋宁说他是在含蓄地表达“衣带渐宽终不悔”的心情。同样,我们也无需因为“真善美”三个字就以为吴经熊退入象牙塔,从此不问人间事,只读圣贤书。将文化作为手段解决现实政治问题的思路,在现代中国知识分子那里是一种近乎本能的选择,这是蕴藏在一系列“思想启蒙”运动背后的底色。待到《天下》创刊,吴经熊的生活重心即全部转入文学与文化,“从文学的产量来看,也许这是我一生中最活跃的时期”[②]。

自此以后,吴经熊将自己的文化立场描述为“新的开阔的人文主义”[③]。对于这个概念,他没有给出内涵明确的定义,但是无论何种“人文主义”,最终落脚点都是对人的关怀,即便吴经熊能做到与具体的政治权谋无涉,却依然逃不开对现实人情的观照,更何况所谓“人文主义”,在它发轫之时便有肯定世俗生活之意。哪怕吴经熊声称自己是“天生的幻想家”(by nature a star-gazer),以致让人误以为他从政治到文化的转向是朝着高邈的审美领域一去不返,但他显然不是想做一个“为艺术而艺术”的文学家,他脱离的是具体政务,投入的是更广阔的现实——一个泛政治的场域——以一种悲悯的态度和超凡的同理心。时值多事之秋的20世纪30年代中期,这让吴经熊对芸芸众生的疾苦有着更直接的体悟,一定程度上也直接促成了吴经熊的“转向”。抗日战争全面爆发以后,吴经熊一度感到羞愧

① John C. H. Wu, “More Pages from My Diary,” *T'ien Hsia Monthly*, Vol. 4, No. 2, 1937, p. 156.

② 《超越东西方》,第288页。

③ 同上书,第229页。

(ashamed of myself)难当,因为手无缚鸡之力,不能上阵杀敌(physically too weak to take up arms),也因为不能以笔行大声谩骂的艺术(my pen has yet to learn the art of vociferous vituperation)。只能发愿,假如历此磨难而不死,则拼尽余生研究中国人的精神和文化(dedicate my whole life to the study and interpretation of the spirit of my race and its culture)。[①]投笔从戎是中国文人在面对战争时应当遵守的、带有理想主义色彩的行动准则,近乎一种隐藏的道德规范,凡是无法照此施行者,大都自觉羞愧。吴经熊一方面受到传统的行为规范和道德准则影响,另一方面却又试图别求他径,通过研究中国人和中国文化反馈现实,在他看来,文化虽对现实、战争无直接助益,却能在更高的层面改变中国未来的命运。

“新的开阔的人文主义”背后的道德立场

1937 年起,吴经熊陆续在《天下》发表了一系列日记片段,中日战事对他心境的影响从文章标题即可见一斑。抗日战争全面爆发之前,他为日记片段起名“Humour and Pathos”(《幽默与伤感》),在其中仍能漫谈文学与艺术,品味日常生活中的种种细节,讨论幽默之道。到了 9 月间,不仅文章的标题变更为“More Pathos Than Humour”(《伤感多过幽默》),口吻亦为

① John C. H. Wu, “More Pathos Than Humour,” *T'ien Hsia Monthly*, Vol. 5, No. 3, 1937, p. 265.

之一变,亲历过战争严酷的吴经熊不禁大呼:“当下,人的精神生活(spiritual life)只得仰赖丑恶中的美丽(beauty of ugliness),非此,则只能困顿(starved)。”[1]艺术、生活、幽默、生活的情趣都只能让位给战争,让位给随时有可能掉落在头上的炮弹。此种心境下,山川日月为之变色,原本“不仁”的天地亦染上了情感色彩,中秋的明月在吴经熊看来似也“忧愁地看着苦难中的地球”(looks gloomily upon a miserable earth)[2]。假如一定要为战争寻找一些正面的意义,吴经熊祈愿战争能让人们睁眼直面社会不公,富人不盛馔,穷人不受饥(the rich will no longer feast, and the poor no longer fast)。[3] 到了1939年,吴经熊的心境更为悲观,文章标题更是变为“All Pathos and No Humour”(《尽是伤感全无幽默》),对于自己曾经提倡的生活的艺术、幽默来了一个全盘否定,并自我辩护道:“逢此国难,谁人能谈幽默。”[4]根据吴经熊对humour(幽默)的定义,那是一种苦中作乐的精神,是以嘲讽和蔑视的态度对待苦难,照此说法,时局越坏,当越要提倡humour才对。由此可见,理

---

① John C. H. Wu, “More Pathos Than Humour,” *T'ien Hsia Monthly*, Vol. 5, No. 3, 1937, p. 261.

② Ibid., p. 263.

③ Ibid., p. 266.

④ John C. H. Wu, “All Pathos and No Humour,” *T'ien Hsia Monthly*, Vol. 8, No. 5, 1939, p. 447. 原文为“For who can be humorous when his country is still undergoing such an ordeal.”。

念在现实面前往往显得不堪一击。①

由此看来,吴经熊所谓“新的开阔的人文主义”可以用他日记中引用的一段话来概括:“Life is a feast which you can enjoy when nobody else is crying in the hall with his face to the wall.”(一人向隅,举座为之不欢。)②即便被现实政治伤害,感到厌烦,吴经熊仍然无法真正舍弃自己的现实关怀,而这种关怀不是对某一具体问题的介入——这是他此前做的事情——而是用一种悲悯的态度,以一种超凡的同理心去体验现实的喜乐悲苦,所以他尽管一再宣称自己倾向道家,却不是真洒脱,和许多传统文人一样,这是一种外道内儒的人生态度。在涉及文学话题时,吴经熊心心念念的仍是生活化的文学,看重的是文学对人生的关怀,他可以回避具体的现实问题,但不能脱离现实的语境,同情与悲悯是他表达“感时忧国”的独特方式,也是他“新的开阔的人文主义”的基本立场。

如果说同情与悲悯是吴经熊面对外部世界时的立场,那么 moderation 与 humour 则是他反顾内心世界时秉持的态度。moderation 是吴经熊经常提到的概念,如果它只是和孔子及儒家思想一同出现,那么我们自然而然会把它翻译成“中庸”,可是在吴经熊那里,moderation 适用的范围更广,从老子到莎士

---

① 尽管口吻悲观,吴经熊对时局的信心却在不断增强,这也是为何同样抱着文化复古的倾向,吴经熊和“《古今》派”文人在对日问题上表现出了截然相反的态度。在“《古今》派”文人那里,文化复古是内心软弱的体现,是他们回避自己因落水而产生的负疚感的途径;而对于吴经熊来说,文化复古的态度是再造国家和民族的希望所在。(参见[美]傅葆石著,张霖译,刘辉校:《灰色上海,1937—1945:中国文人的隐退、反抗与合作》,北京:生活·读书·新知三联书店,2012 年,第 141—142 页。)

② John C. H. Wu, “More Pages from My Diary,” *T'ien Hsia Monthly*, Vol. 4, No. 2, 1937, p. 153.

比亚,他们思想的精髓都可以用 moderation 来概括。很显然,吴经熊是在用一种“六经注我”的方式阐释儒、道思想和莎士比亚的文学精神,孔子、老子和莎士比亚的原意如何并不重要,重要的是他们如何为吴经熊所呈现。在提到老子和莎士比亚时,吴经熊认为:“老子和莎士比亚都不满足于仅仅揭示生活内在的自相矛盾处,他们用一种非常相似的方式暗示了超越之道。”①此超越之道便是 moderation,因为它是“减缓自然的辩证过程的方式之一”②,所谓“自然的辩证过程”,据吴经熊原文来看,指的是事物善恶共存,一体两面的现象。“真善美”当然是吴经熊心之所向,是他寄希望于从法学、文学和宗教中寻得的真谛,然而他也清晰地意识到“真善美”往往伴随着“假丑恶”,绝对的、超越性的价值只存于上帝的天国中,凡人未曾有幸目睹。因而,超越之道不是西西弗斯似的向着绝对价值悲壮却无用地迈进,而是回到日常生活,回到事物本身,坦然接受自我与世界的一切缺失和不完整。此种心境,近乎禅宗吃饭、喝水皆是参禅的意思,而吴经熊晚年也确实对禅宗产生了兴趣,并著有《禅学的黄金时代》一书。

除了 moderation,humour 也是吴经熊推崇的人生态度,尽管有时这种态度会让位给对战争的关切。在《天下》内部,林语堂是众所周知的“幽默大师”,是“幽默”一词的发明者,吴经熊

---

① John C. H. Wu, “Shakespeare as A Taoist,” *T'ien Hsia Monthly*, Vol. 3, No. 2, 1936, p. 126. 原文为“They are not contented with merely uncovering the antinomies inherent in life: they suggest the ways and means of transcending them—and there again they seem to arrive at similar conclusions.”。

② Ibid. 原文为“... one of the ways to take the edge off the dialectical process nature.”。

或许曾受他影响亦未可知。吴经熊把幽默分为两种,一种是有趣、好玩(to be funny),另一种是发现人生可笑之处(see the funny side of life)。① 前者近乎“滑稽”,重在逗乐,引人发笑;后者则要求你与生活拉开距离,居高临下地俯视它,用理性换取洞见,以嘲讽直面苦难,而不是用同情取代思考。这样一来,我们就看到了两个截然不同的吴经熊,一个高呼“一人向隅,举座为之不欢”,对世人怀着莫大悲悯之情,另一个则对人世取冷眼旁观的态度,冷峻地细数世间种种可笑之事,到底哪一个更近乎吴经熊真实的形象?其实两者并没有看上去那么对立,悲悯与同情是道德立场,moderation 和 humour 则是处世之道,前者属于道德范畴,后者或可归于美学层面,两者不必协调一致。事实上,在近现代中国,文人知识分子多面临此种分裂,学术、道德、信仰、情感凡此种种皆指向不同方位,故吴宓才有“二马裂尸”之譬喻,王国维亦有“可爱者不可信、可信者不可爱”②之语,足见这一精神困境之普遍。相较之下,胡适、傅斯年近乎“幸运儿”,在他们倡导的学术范式中,求真、求善、求美是截然分开的,对真理的追求可以无涉道德立场,美也在艺术的领域中被单独加以讨论。但他们的同时代人大都不如他们那般确信,③无法将把这三个范畴割裂开来,吴经熊亦是如此。所以

① John C. H. Wu, “All Pathos and No Humour,” *T'ien Hsia Monthly*, Vol. 8, No. 5, 1939, p. 464.

② 王国维:《自序二》,《教育世界》1907 年第 152 期,第 1 页。

③ 事实上,强硬如傅斯年亦有过自我怀疑和自我否定的时刻。1929 年,他曾对胡适说:“我们思想新信仰新;我们在思想方面完全是西洋化了;但在安身立命之处,我们仍旧是传统的中国人。”[胡适:《胡适的日记》(1929 年 4 月 27 日),台北:顶渊出版社,1987 年,无页码,转引自王汎森《傅斯年:中国近代历史与政治中的个体生命》,北京:生活·读书·新知三联书店,2017 年,第 58 页。]

他的论述文字经常担负着溢出主题以外的沉重的道德使命，它们最终都会脱离“真”与“美”的范畴，来到“求善”的领域，以下描述孔子的文字即很好地体现了这一点：

> 事实上，就像历史上所有不寻常的人物一样，他（孔子）不能被世界上已知的门类或标准归类，因此对于其他人如同谜一般。但他对自我的认知十分清晰，并且十分透彻地知道世人为何误解他。他并不像那些不自信的人一般为此不快，相反，打趣地自诩为车夫。幽默和中庸并非软弱，而是强大的标志。①

这段文字与其说是在勾勒孔子的形象，毋宁说是吴经熊的夫子自道，这倒不是说吴经熊自比孔子，而是指他试图用这种方式为自己的人生选择与道德立场提供依据。自 1924 年留学归国起，吴经熊在法学界和政坛所享尊荣与所受非议非常人可以比拟，30 年代中期以后脱离政界，投身文坛，皈依天主教等一系列举动更加深了世人对他的不解。对外人，他虽不必多做解释，对自己，他不得不有所交代，否则何以找到安身立命的根本？因此，吴经熊在孔夫子身上完成了自我投射，寄希望通过

---

① John C. H. Wu, “The Real Confucius (continued),” *T'ien Hsia Monthly*, Vol. 1, No. 2, 1935, p. 183. 原文为“The truth is, like all extraordinary men in history, he was an unclassifiable quantity in a world of accepted categories and standards, and therefore appeared a complete mystery to others. But he was no mystery to himself, and understood fully well the misunderstanding of the mediocre people. Instead of feeling sour, as men of lesser self-confidence would certainly do, he jocularly proposed to take up charioteering as his life profession. Humour and moderation are signs not of weakness but of strength.”。

这种方式获取道德力量,在世人的不解与非议中寻找到伦理、信仰、审美与情感的平衡点。

道出于心:超越东西方的艰难尝试

王国维《论政学疏稿》有言:“臣窃观自三代至近世,道出于一而已。泰西通商以后,西学西政之书输入中国,于是修身齐家治国平天下之道乃出于二。”[①]“道出于二”是困扰近代以来中国知识分子的大问题,吴经熊亦不能例外,许章润评价他:“处新旧之际,置中西两端,辗转徘徊,欲有所建树。”[②]其中,“辗转徘徊”一语可谓切中要害。全面抗战爆发以前,吴经熊是彻头彻尾的世界主义者,他相信东西文化本就是相互渗透的(interpenetrated with each other),普天之下,人性是相通的。[③]对于时代的现状和历史的走向,吴经熊有着极为乐观的判断,他认为当下东西文化间的理解与欣赏正在逐步加深,[④]随着这一趋势的推进,终有一天,当人们回顾 20 世纪时,会将它视作新文明诞生的前兆。[⑤] 这一时期,国内政局虽难称稳定,中日间

---

① 王国维:《论政学疏稿》,载谢维扬、房鑫亮主编:《王国维全集》第十四卷,杭州:浙江教育出版社,2010 年,第 212 页。

② 许章润:《一座文化孤城的灵性自白》,载吴经熊著,张薇薇译:《正义之源泉:自然法研究》,北京:法律出版社,2015 年,序二,第 2 页。

③ John C. H. Wu, “Beyond West and East,” *T'ien Hsia Monthly*, Vol. 4, No. 1, 1937, p. 15. 原文为“Down in their hearts, men of all races are one.”。

④ Ibid., p. 16.

⑤ Ibid., p. 17. 原文为“... this century will be looked back upon as the herald of a New Civilization.”。

的摩擦亦时有发生,近代以来中国知识分子苦苦求索的“富强”仍未实现,然而在吴经熊身上已不见“亡天下”的焦虑,“五四”时期全面反传统的倾向亦被扬弃。他观察到,在中国许多杰出的学者、科学家的字典里,所谓“西方(学术)训练”(western-trained)即等同于“启蒙”(enlightened),至于他本人,他乐意自比为“忙碌的蜜蜂”(busy bees),同时吸取东西文化之花的花蜜,并高呼:“能像中国人一样感受(feel)的同时,又能像西方人一样思考(think)是何其幸运!”①不过要兼取东西文化之长亦非易事,只有站在一个更高的、更超越的立场,才能博采众长、融会贯通。② 尽管道阻且长,吴经熊在字里行间流露的“文化自信”是显而易见的。

全面抗战爆发以后,吴经熊对西方文明的怀疑逐步加深,看待东西文化的视角亦从“兼容并包”转换成“以我为主”。换言之,他逐渐从一个世界主义者向民族主义者转变。全面抗战爆发之初,吴经熊呼吁是时候对“中国人的品性作一恰当、公正的评估”(a just and fair estimation of the qualities of our race),以此检视中国是否有能力成为战争最后的赢家。他认为,自 19 世纪中期以来,中国的文人知识分子对于自己的民族和国家有过太多的“自卑情结”(inferiority complex),现在到

---

① John C. H. Wu, “Beyond West and East,” *T'ien Hsia Monthly*, Vol. 4, No. 1, 1937, p. 17.

② John C. H. Wu, “Un Melange,” *T'ien Hsia Monthly*, Vol. 4, No. 3, 1937, p. 259. 原文为“Only when you have moved beyond them will you be in a position to sort them out and weave them into a new cloth without any seam.”。

了重拾自信(regain the confidence)的时候了。[①] 时值1937年秋,日军由上海登陆,开始攻略长三角,吴经熊的这番言论未尝没有提振士气的考虑。不过,在此之前,怀疑的种子早已种下,即在吴经熊大力提倡东西文化融合时期,他对西方文明亦有所保留。1937年上半年,吴经熊在日记里写道:“我爱西方人,至少爱其中一部分。但我憎恶他们的文明(hate their civilization),一个空有奇技淫巧却缺乏意义的文明(full of activities as it is hollow of meaning)。”[②]吴经熊一方面承认西方文明在技术层面已经走在了前列,另一方面又批评这种技术进步,直言其空洞无意义。吴经熊的这种批评,一定程度上应和了19世纪后期以来,西方内部对工业化进程中无限膨胀的“工具理性”的批判,同时也与他受挫的民族情感有关,因为正是西方文明在技术层面的进步,导致了19世纪中期以来中国在国际政治秩序中的尴尬处境。

到了1939年,吴经熊的立场更趋于保守,对于自己曾受过的西式教育,他有些轻蔑地表示那只是“本土生活哲学的注脚”(a foot-note to my aboriginal philosophy of life),在任何层面的意义上,他都无意“洗白我们的黄色文明”(whitewash our yellow civilization)。[③] 短短数年的时间,吴经熊便从一个开放的世界主义者转变成了一个保守的民族主义者,曾经他鄙薄吉

① John C. H. Wu, “More Pathos Than Humour,” *T'ien Hsia Monthly*, Vol. 5, No. 3, 1937, pp. 263 - 264.

② John C. H. Wu, “Humour and Pathos,” *T'ien Hsia Monthly*, Vol. 4, No. 4, 1937, pp. 380 - 381.

③ John C. H. Wu, “All Pathos and No Humour,” *T'ien Hsia Monthly*, Vol. 8, No. 5, 1939, p. 448.

卜林(Joseph Rudyard Kipling, 1865—1936)写下了“东就是东,西就是西,二者永不相逢”[①]这样的诗句,如今他似乎成了这一信条的拥趸。所谓“辗转徘徊”,此之谓也。

战争当然是影响吴经熊文化立场的重要因素,但最根本的原因仍蕴藏在他对东西文化的不同体认中。在日记中,吴经熊一再提到自己“用英文思考,用中文感受”(think in English, feel in Chinese)。[②] 所谓思考,指向的当属逻辑和知识领域,至于感受,则应当归于心灵和情感的范畴。可见,对于东西文化,吴经熊从一开始就没有将它们放在同样的维度,“思考”和“感受”的差异同无非就是王国维“可爱者”和“可信者”的翻版。从晚清到近代,文人知识分子在面对东西文化的碰撞时,鲜有人能在情感和认知两个层面统一自身对两者的看法。吴经熊曾笼统地提出,东西文化之间的交流融合亟需“动态综合”(living synthesis)而非“机械并置”(mechanical juxtaposition)[③]。可惜他本人似乎并没能躬行自己的主张,把东西文化分别置于知识和情感两个维度看待,不就是机械的并置吗?

出于这个原因,吴经熊在写作不同文体时采用的语言亦有区别。他的法学论文、政论文章、文学评论、日记、自传等多用英文写就,而诗歌则全用中文创作。这其中,论文和评论文章的语言或许尚取决于发表的刊物,但日记、自传、诗歌等文字创

① 原文为“Oh, East is East, and West is West, and never the twain/shall meet.”。

② John C. H. Wu, “Humour and Pathos,” *T'ien Hsia Monthly*, Vol. 4, No. 4, 1937, p. 380.

③ John C. H. Wu, “Un Melange,” *T'ien Hsia Monthly*, Vol. 4, No. 3, 1937, p. 259.

作便全由作者本人意愿决定。吴经熊以中文写作诗歌,无非因为只有“情动于中而形于言”的诗歌属于情感范畴,其他文体或议论或记录,都属于认知领域。他曾明言:“当我想要写诗时,我只能用母语写。”①这里,语言的障碍并非仅仅来自技术层面,吴经熊不以英文写诗,并不是因为他的英文不够好,而是因为他觉得只有在中文语境下,他才能准确地表达自己的情感,并且被人理解。诗歌的语言不仅是表意的工具,它本身就是意义的一部分,假如诗歌确如艾略特所言,旨在找到“客观对应物”,将诗人的情感客体化,诗人作品中“不仅最好的部分,就是最个人的部分,也是它的前辈诗人最有力地表明他们的不朽的地方”②。那么,语言就是这一切的基础,所谓客观,所谓传统,无不建立在此基础之上。照此逻辑出发,则翻译就是无用功,语言在跨语际转换的过程中,即便语意能准确传达,色彩和韵味亦会丢失,更不用说语言背后的一整套文化。

吴经熊的怀疑主义或许没有走得这么远,例证之一便是他对于英译中国古典诗歌的热情。但是,无论如何,世界主义色彩在吴经熊身上确实逐步减淡了,哪怕他再怎么声称要找到一条超越东西方的道路,实际上他只是在用东方的方式解读西方,并且还是他所理解的、非常个人化的东方。通过这种方式,吴经熊将原本隶属认知领域的事实判断,转换成情感和信仰层面的价值判断,客观、中立的知识于是变成了情感的注脚,超越

---

① John C. H. Wu, “Humour and Pathos,” *T'ien Hsia Monthly*, Vol. 4, No. 4, 1937, p. 380. 原文为“Whenever I want to write a poem, I can only do it in my mother tongue.”。

② [英]托·斯·艾略特著,卞之琳、李赋宁等译:《传统与个人才能:艾略特文集·论文》,上海:上海译文出版社,2012年,第2页。

东西方的努力即在此种情境下获得了想象中的成功。

小 结

吴经熊在东西文化间的游移徘徊体现了中国现代知识分子的普遍焦虑,在情感、日常生活、审美趣味、道德倾向等方面,他们都更偏爱传统,可他们又深知,所谓“传统”不止泥沙俱下,令普通民众目眩神迷、良莠难辨,更容易为保守的政治力量所利用,成为中国走向“现代”的重大阻碍。若要在技术、制度、思想层面重塑中国,必须在公共层面压抑传统,或者退而求其次谋求传统之现代转换。对此,吴经熊给出的解决方案是超越具体的现实,以宗教和文学表达对现实人生与家国命运的关怀,这也可以视作他表达“感时忧国”情绪的独特方式。但是,随着历史语境的变化,他不得不一次次回眸,直面具体的历史事件。面对日常生活时,现实尚不能撼动他以调和与幽默直面苦难的姿态(一种近乎现代喜剧精神的姿态),但涉及文化立场的抉择时,抗日战争的全面爆发却使得他在世界主义和民族主义的区间内反复摇摆。吴经熊对中西文化的开明与包容态度是以文化保守主义为前提的,而他的世界主义心态也常常要面临朴素的爱国热情的“侵扰”。超越东西方何其困难,对于吴经熊和其他现代知识分子而言,无论结果如何,都可谓“得之吾幸,失之吾命”。

第二章　温源宁与《天下》的“对日言说”

1937年7月，抗日战争全面爆发，这并没有彻底改变《天下》的面貌，让它成为一份以报道时政为主要内容的期刊。从技术角度而言，让一份按月发行的刊物，将全部精力投入战事报道和宣传亦不可行，因其不具备时效性，无法第一时间完成信息传播。但是，紧张的时局仍然为《天下》增添了另外的声音，使它打破了只议文化、不论时政的办刊初衷，这一点在温源宁主笔的“编辑杂议”中体现得最为明显，他用“生龙活虎”之笔向国际社会描述了日军的暴行，传递了中国军民抗战的决心。除此以外，温源宁对日方的战争宣传亦给出了针锋相对的回应，他一方面在国际法框架下，从中日间签订的条约出发，指出日军发动战争的“非法性”；另一方面又从文化和历史的角度出发，驳斥日本知识界与政界热衷的“大东亚共荣圈”的设想，在道德层面瓦解日军发动战争的合理性。前者表明，中国知识分子已经能够自觉运用“国家”“主权”等现代概念，并在此范畴下重新看待中国与世界之关系。后者则显示出，中日双方的争论虽然有策略性因素影响，但症结仍是如何理解“中国”的问题。日方的战争借口来自所谓“华夷之辨”的合法性，他们视“中国”为一个文明共同体而非现代主权国家，承其大统者才可称“华夏”，否则便是“四夷”，不配居“中国”——无论清王朝抑或国民政府，在他们看来都失掉了中国文明的精髓，因此将由日本取而代之。[①] 经历了新文化运动的中国知识分子如何回应日方的文化挑战是一个很有意思的话题，他们为了实现中国的现代转型而拒斥、打压传统，却因此被质疑失去了“华夏”正统。反倒是生于南洋，留学英伦，成年后方才定居中国的温源宁，竭力为传统中国辩护，在法理和文化两个层面为中国正名。

温源宁的“双重身份”

所谓“双重身份”有两个层面的内涵，一是文化层面的，一是杂志层面的。

温源宁，1899 年出生在印度尼西亚南苏门答腊的邦加岛，其父是当地的锡矿矿主，祖籍广东陆丰，客家人。直到青年时代负笈英国前，温源宁一直生活在南洋，北面的故国诚然是他

① 葛兆光指出，日本早在 17 世纪初便有了在文化上与中国分庭抗礼之念，清朝以后，更是依据古代中国的“华夷”观念，自认正统，视清朝作蛮夷。（参见葛兆光：《宅兹中国：重建有关“中国”的历史论述》，北京：中华书局，2011 年，第 12 页。）

的祖国,却是存在于古籍、言谈和想象中的母邦。1922 年,温源宁自剑桥毕业,拿的是文学和法学的双学位。同吴经熊一样,法学亦是温源宁本行,只因在剑桥期间,受国王学院导师狄更生(Galsworthy Lowes Dickinson, 1862—1932)影响,对英国文学产生了浓厚兴趣,故而文法双修,拿了两个学位。又因为对英国文学的共同嗜好,温源宁结识了同在英国留学的徐志摩、陈源(1896—1970),这也为他日后回国任教提供了契机。

1923 年 9 月,陈源开始担任北京大学英文系主任,受他邀请,温源宁自 1924 年起在北大英文系任教,此后十年,温源宁辗转京城各高校英文系,是不折不扣的学院中人。1933 年 9 月,因为同胡适的矛盾,温源宁辞职南下,这才有了日后《天下》的创立。① 在当时的学生眼中,温源宁“确实是英国化了的 gentlemen,用中文说难免带有些须的嘲讽意味,是洋绅士。身材中等,不很瘦,穿整洁而考究的西服,年岁虽然不大,却因为态度严肃而显得成熟老练。永远用英语讲话,语调顿挫而典雅,说是上层味也许还不够,是带有古典味”②。这样的派头并不是每个人都能欣赏的,前文一再引用林太乙所谓“比英国人还英国人”就不全是赞美,胡适日记中亦有“温源宁来谈。此君太做作,可厌”③的评语。旁人的褒贬暂且不论,温源宁本人在中西文化间的尴尬处境却是一览无余。在英语语境下,温源宁

---

① 温源宁在京期间,并非只在北大一处任教,即便北大本身亦历经变革,关于温源宁在京任教的详情以及他辞职南下的原因,可参见易永谊:《温源宁与北京大学英文系(1924—1933)》,《现代中文学刊》2015 年第 3 期。

② 张中行:《负暄琐话》,北京:中华书局,2006 年,第 51 页。

③ 胡适著,曹伯言整理:《胡适日记全编》第 6 卷,合肥:安徽教育出版社,2001 年,第 224 页。

是不折不扣的“中国人”，所持无疑是“中国立场”。然而，在中文语境下，温源宁的“中国性”受到质疑，南洋背景、中文生疏，这都是避无可避的“短板”，于是在许多人眼中，他是个“比英国人还英国人”的“洋绅士”，显得“做作”“可厌”。西方人眼中的“中国人”，中国人眼中的“洋绅士”，温源宁的文化身份即在这两端间摇摆。

杂志层面，温源宁在《天下》亦拥有“双重身份”，一是主编，一是撰稿人。当他用后一种身份写作时，题材一般不出自身专业领域之外，多与英国文学有关。杂志发行期间，温源宁共计发表了1篇纪事、7篇专论、20余篇书评，其中专业性最强的专论一栏，除开首期一篇《中国画中的民族性》(“Racial Traits in Chinese Painting”)和4卷4期一篇延续《中国评论周报》人物志稿专栏风格的人物剪影《辜鸿铭》(*Ku Hung-Ming*)以外，其余都是关于英国诗歌的讨论，是他作为英文系教授的本行。至于书评，所涉话题虽较广，但多数仍不脱文学、绘画等范畴。概括来说，当温源宁作为杂志撰稿人出现时，他向读者输出的是他的专业知识，这也是杂志对于撰稿人的普遍要求——他须是自身领域中的专业人士，非此，《天下》不足以维持自身的高水准。不过，当温源宁以主编身份示人时，他便有机会放下专业人士的“包袱”，承担起知识分子的公共责任，这些文字多见于他主笔的“编辑杂议”中。“编辑杂议”位于每期卷首，篇幅短、跨度长、论题散，每期内容并不一定相关，观点亦不连续，温源宁关于抗战的议论文字多见于其上。以1937年为界，温源宁在“编辑杂议”上的笔调和关注重心发生了明显变化，与战争、时政有关内容越来越多地出现其中，向来以世界主义者面貌示人,“比英国人还英国人”的温源宁在抗战的大背景下写下了大量议论时局的文字,他对抗战的关注、对日军的谴责、对向国际社会传递战争真相的热情并不比一般民族主义者和爱国人士逊色,而他的言说策略亦显示出不同以往的特点。

温源宁与《天下》的对日立场

身为主编,温源宁的态度势必影响杂志的整体面貌,随着中日之间时局日趋紧张,与此相关的内容在《天下》上亦愈发增多。1937 年 5 月 4 卷 5 期的《天下》上刊出了一幅漫画,标题为“In the same boat, let us pull together”(或可译为同舟共济)。

船尾悬挂青天白日旗,掌舵者无疑就是蒋介石,船中部扬帆者便是国民党中央常务委员会主席胡汉民,坐于船头的则是国民党内另一位反对派领袖汪精卫。在汪身旁,冯玉祥正奋力划桨,身后财政部长孔祥熙、立法院长孙科、军政部长何应钦将军亦不敢懈怠。另外,画中两位长须老者,分别是国民党元老、监察院长于右任,以及国民政府主席林森,总理遗孀宋庆龄立于他们中间,正高举右手激励众人。在当时的语境下,此画的隐喻意义十分明显,随着日方的步步紧逼,中国的命运就如同这汹涌波涛中的小船,各方惟有摒弃派系之争,同心勠力、一致对外,方能渡过难关。这无疑反映了民众对时局的期待,也构成了稍早时候西安事变发生的舆论基础,《天下》在抗日战争全面爆发前两个月刊出此画,显然亦是为时局所感。可惜,后来的历史发展表明,画中局面终究只是作者美好的愿望。

在全面抗战爆发以前,《天下》的对日立场并不激进,温源宁仍寄希望于国联能居中调停,以和平谈判的方式解决中日争端。在1937年初的"编辑杂议"里,温源宁写道:"现如今,外国的有识之士都应该对他们国家强加给中国的不平等条约,以及由此造成的不成体统的局势感到脸红。"[①]进而强调,"尽管中国中规中矩地履行这些被强迫签订的不平等条约看似不切实际到无可救药,但这种做法表明了中国在外交事务上的姿态,即希望优先通过协商和仲裁而不是武力的方式解决争端。"[②]文章结尾,温源宁总结了国民政府自孙中山时代以来的外交原则:一、尊重中国签订的所有条约(无论平等与否);二、尽早废除那些不利于中国发展的不平等条约(以和平的方式);三、与所有愿以平等互惠原则对待中国的国家携手合作。他认为这种策略代表了中国政府以和平与善意对待其他国家的外交姿态,将其付诸实践则是中国对世界和平最大的贡献。因此,他热情地期盼在1937年,其他国家——主要是日本——也能认识到这一点,此处的潜台词即放弃武力冲突,以和平的方式重建地区和国际秩序。考虑到九一八事变以来日方在东北及华北的一系列武装行动,寄希望于靠几份声明就让日本主动放弃

---

① Wen Yuan-ning, "Editorial Commentary," *T'ien Hsia Monthly*, Vol. 4, No. 1, 1937, pp. 5－6. 原文为"At the present day many enlightened foreigners would blush when they call to mind the disgraceful circumstances in which their countries saddled those treaty obligations on China."。

② Ibid. 原文为"perhaps China is hopelessly impractical still to tread the straight and narrow path marked out for her by unequal treaties which she entered into with pistols pointed at her head years ago. However that may be, the fact remains China is nowadays one of the few nations which believe in the sanctity of treaties and in the preferability of settling disputes by negotiation and arbitration rather than by force."。

“在华利益”显然是不现实的,温源宁未尝不知道这一点,他的文章无非是在展示一种姿态,此种姿态或者称为“重压之下的优雅”,在个体层面,他用这种姿态表明自身的修养与学识,在国家层面,则是展示深厚的文化底蕴、悠久的文明传统,以及在地缘冲突中秉持包容、开阔胸襟的意愿。

近代以来,经历了数千年未有之大变局的中国知识分子,在文化与心理层面或多或少已完成了“现代转型”,传统士大夫“修文德以来之”的政治理想与文化抱负在现代知识分子群体中已难觅踪影,“全盘反传统”随着新文化运动兴起一度成为知识界主流,此后虽有“整理国故”的呼声,但知识分子对于传统文化的认识已自觉地实行了分层。简言之,他们往往将对传统文化的坚守保留在私人生活领域,譬如新文化运动的领袖胡适、鲁迅等人,留下的文字和影像资料显示,他们日常着装以传统读书人的长袍为主,在公共领域内则对传统文化持严厉的批评态度。《天下》编辑中,吴经熊、林语堂等亦多以着长袍形象示人,他们对传统文化的态度虽不像鲁迅等人激烈,但他们又是不折不扣的双语写作者,尤其吴经熊,他更倾向于用英语而非中文写作。这种在公与私领域区别对待本土传统文化的倾向,体现了中国现代知识分子在传统与现代、理智与情感之间的矛盾纠结。然而,在温源宁身上,情形太不一样。他在私人生活领域表现得“比英国人还英国人”,可在公共话题的讨论中,却表现出超乎一般中国现代知识分子的文化自信,尽管他并不使用中文写作。造成这一情况的原因大抵是他的成长背景,身为华侨,温源宁与中国之间天然存在着空间上的距离,他认识中的中国更多源于想象,而非现实经验。并且,假如真如周劭所言,温源宁写中文信件尚需人代开信封,则他对传统文化的理解与体认亦带着想象成分,在学理上是不能令人信服的。此种距离与隔阂或能使他免受西学东渐造成的心理冲击,文化自信不至于跌落,亦不需要在公私领域对传统作分层处理。此外,自幼身处南洋,若不愿"在地化",则必然要加强自身的"中国"属性,这大概也是温源宁身份认同的基点。

时间来到 1937 年 8 月,也就是杂志新一卷开始发行之时,其时日军正从上海登陆,试图沿江而上直取南京。身处上海的温源宁对战争有了直观的体验,他似乎无暇再顾及姿态是否优雅,笔调亦变得不再平静,甚至有些出离愤怒。在这一期的"编辑杂议"中,温源宁斥责日方长期以来在华北不断挑起事端,"以保护日本侨民生命和财产的名义在华北横行,所到之处却并没有需要保护的侨民,只有被杀害的中国人,和被占领的大片中国国土"①。文章激烈之情绪在温源宁此前文字中是见不到的,具体、直观的战争体验对温源宁心态之影响由此可见一斑。

不过,《天下》毕竟是一份主要面向西方世界的刊物,温源宁亦是一位学院派背景的知识分子,在他的认知中,事实比情绪更有力量,更能引起西方读者对中国的同情。因此,在 9 月新一期《天下》中,温源宁又主笔了一篇关于华北问题的书评,同"编辑杂议"相比,书评这一文体显然更多论证说理、更少情

---

① Wen Yuan-ning, "Editorial Commentary," *T'ien Hsia Monthly*, Vol. 5, No. 1, 1937, p. 5. 原文为"they excuse themselves on the ground that it is to protect the lives and property of their nationals. Of course, the truth is, where their soldiers go, there are no Japanese to protect, but plenty of Chinese to kill, and—what should not be forgotten—big slices of Chinese territory to occupy."。

绪宣泄,他试图通过这种方式,在一个更客观、更中立的语境下揭示日方行径的虚伪和非法性,为中国的抗战赢得舆论先机。书评所评对象乃是徐淑希所作,稍早时候出版的 *The North China Problem*(《华北问题》)[①]。开篇,温源宁即直言:“直到日军抢夺中国领土之前,从来就不曾有过华北问题。”[②]并称赞徐淑希此书“尽管简短(原书共 112 页),内中章节却包含了因日军侵略而引起的华北问题的所有相关事实”[③]。尤其令温源宁印象深刻的是书中无情戳穿日军单方面依据三大协定[④]为自身军事行动的合法性背书的内容。文中,温源宁一再强调,战争并非中国政府的初衷,而是为了维护国家和人民利益的义举,因此中国才是正义的一方。与此同时,温源宁也不忘提示世人(主要是日方),尽管中国人渴望和平,但我们的耐心和容忍也是有限度的。更为重要的是,“作为和平的守护者和远东最大的文明国家,我们清晰地意识到,中国肩头承担的责

---

① 徐淑希(Shuhsi Hsu,1892—1982),广东饶平县人,民国时期著名学者型外交家。早年曾留学美国,先后在耶鲁大学、哥伦比亚大学取得硕士学位(1919)和博士学位(1925)。归国后,先后任燕京大学政治系代主任、主任,燕大社会科学院院长,燕大法学院院长。自 1929 年起,开始以中国代表团顾问身份参加国际重大会议。1936 年之后,辞去燕京大学教职,为抗战时期的民国外交事务积极奔走。1949 年赴台,晚年定居美国。1982 年,在新泽西逝世,享年 90 岁。*The North China Problem* 一书以英文写就,初衷自然也是为中国赢得国际舆论的支持。另外,此书出版商亦是 Kelly&Walsh,与《天下》相同。

② Wen Yuan-ning, “The North China Problem,” *T'ien Hsia Monthly*, Vol. 5, No. 2, 1937, pp. 215 - 216. 原文为“There never was a North China problem until the Japanese military started their policy of grab in that part of our country.”。

③ Ibid. 原文为“Although brief, these chapters contain all the relevant facts about the north China problem which has been created by Japanese aggression.”。

④ 即 1935—1936 年间,中日双方签订的《塘沽协定》《何梅协定》《秦土协定》。

任”①。无论正义与否，战争本身都是野蛮且极具破坏性的，温源宁显然清楚如何在西方普世价值的话语体系中争取我们的民族和国家利益，无论是一种话语策略，还是发自内心的真实想法，他的表述让中国在道义上先声夺人，赢得了无可撼动的优势。

在阐明道义以后，温源宁又表达了中国军民抗战到底的决心，他深信中国将倾全国之力与日军一战。② 这种表态对外是为了树立旗帜、表明立场，对内则能够鼓舞士气、凝聚人心。文章最后，他还不忘提醒日方，中国民众反日情绪高涨，完全是日方咎由自取，如果日军不知收敛一意孤行，不仅中国民众反日，全世界的民众都将反日，因为反日即是反对黑暗、反对战争。中日之间的战势如果继续扩大，中国必将为生存而战，并且成为最后的胜利者。尽管这有悖中国人爱好和平的初衷，但是我们不吝给这个曾教会了文明的国家再好好地上一课。③

对于西方读者而言，徐淑希著作和温源宁书评所传递的信息是十分必要的，首先，它能够向他们说明中日冲突的缘由和当下的情势，并与日军的战争宣传展开竞争，从而为中国赢得国际社会的舆论支持。其次，它也是在向世界展示一个热爱和平、尊重国际秩序、致力维护人类共同利益的中国形象，在文化

---

① Wen Yuan-ning, “The North China Problem,” *T'ien Hsia Monthly*, Vol. 5, No. 2, 1937, pp. 215 - 216. 原文为“As the guardian of peace and as the greatest civilizing force in the Far East, we are fully aware of our responsibilities.”。

② Wen Yuan-ning, “Editorial Commentary,” *T'ien Hsia Monthly*, Vol. 5, No. 1, 1937, p. 6. 原文为“We believe China will put forth all her strength to resist this latest incursion of the Japanese military into her territorial and political integrity.”。

③ Ibid. 原文为“Much against our will, we have now to fight the very pupil whom we have taught the alphabet of civilization.”。

和道义上为中国建立舆论优势。最后,温源宁的文章也是在向国际社会表明中国抗战到底的立场与态度,鼓舞国内民众的士气。这篇短文奠定了温源宁对抗日战争问题的看法基本立场,此后,随着战事的进行,温源宁亦有更多议论刊出,然所涉话题不出以上三点。

温源宁与英文语境下的对日言说

九一八事变以后,东北问题一度成为国际舆论关注的焦点,为了驳斥日方的战争宣传,包括徐淑希在内的不少中国知识分子在英文语境下就此问题发表过论述。据当代学者研究,这些文字大致有以下特点:“其一,将中日条约文本、国际法原则,以及国际公约作为武器,注重摆出事实依据;其二,立论以说理为主,较少虚妄空泛的说辞,言辞也较为和缓。其三,在驳斥日本人的战争宣传时,他们还经常引用西方有关中日纠纷的论说作为佐证。”①结合上文所引材料,不难发现温源宁对于在国际公约框架下讨论中日冲突这一点有着强烈的自觉意识,他针对国际社会的发声基本在这一范畴下展开。至于“说理为主”、言辞“和缓”、“引用西方有关中日纠纷的论说作为佐证”,这些特点在温源宁文章中都多少有所体现。此外,温源宁对日言说亦有独特的个人风格,这主要体现在两个方面。

---

① 李珊:《九一八事变后中国知识界对日本战争宣传的反击——以英文撰述为中心》,《抗日战争研究》2012 年第 4 期,第 74—75 页。

第一，温源宁的对日言说在“说理”以外，亦不乏情感抒发，这既体现在他对时局的判断上，也见诸文字的表述中。九一八事变以后，中国知识界仍然在国际法、中日条约规定的范畴内据理力争，谋求政治、法律、道德层面的优势。在理性层面，他们恐怕尚不会把东北问题与国家存亡等而视之，因而，在驳斥日方的战争宣传时，方能做到言辞和缓。时移势易，待温源宁介入这一论争时，日军已从上海登陆，正打算沿江而上直取当时的政治中心南京，中国知识分子言辞想不激昂恐怕也不行。1937 年 12 月，南京陷落的消息传到上海，温源宁在当月的“编辑杂议”中疾呼：“南京的陷落，远不能减弱我们抗战的决心，相反，它给了我们另一个继续奋战到底的理由……如果我们做好为了国家牺牲生命、家园和金钱的准备，那么当下这样或那样的损失就都不值一提。”①彼时，日军在南京城中的暴行尚未披露，但温源宁笔下流露的情绪已可见一斑。

在判断时局走向时，温源宁同样也会表露“情绪化”的一面，他所得出的结论，既有现实观察和历史经验作为依据，也有情感和信念作为支撑。譬如，在日军攻破南京城之际，温源宁就直言：“知晓了我军军事实力的孱弱，日军在战事之初的胜利

① Wen Yuan-ning, “Editorial Commentary,” *T'ien Hsia Monthly*, Vol. 5, No. 5, 1937, p. 433. 原文为“The fall of Nanking, far from weakening our will to fight, is an added reason why we should continue with the struggle to the bitter end. ... If we are prepared to sacrifice all for our country—lives, homes and money—then the present loss of this or that means nothing.”。

便是可以预期的。”[①]此种对现实的判断不可谓不清醒,接着温源宁又写道:“然而,一战的经验显示,在一场大规模、长时段的战争中,哪一方能坚持得更久,而不是谁取得最初的胜利,才是决定胜负的关键。而这,无疑取决于我们自己。”[②]这里虽然搬出了“一战”的经验,但更多的仍是在鼓舞士气,随着南京的陷落,看淡中国前景的文人政客不在少数,温源宁此时仍能坚持抗战必胜的信念亦是难能可贵。

可喜的是,随着战事深入,当时间来到 1940 年之际,中国军队撑过了初期的劣势局面,将战争拖入僵持阶段以后,温源宁抗战必胜的信念更多了一层现实的依据。这一年,温源宁又重申了自己抗战必胜的信念,他认为“中国抗战的成功全赖于她强大的道德和精神力量”[③]。正因如此,哪怕日军的炮弹能将城市夷为平地,却依然不能动摇我们必胜的决心,这是我们得以克服军事劣势取得最终胜利的核心因素。而且随着战争的胜利,中国的民族精神将得以重铸,亡国的危机最终会转化

---

① Wen Yuan-ning, “Editorial Commentary,” *T'ien Hsia Monthly*, Vol. 5, No. 5, 1937, pp. 433 - 434. 原文为“Knowing as we do how weak we were militarily when the war came up us, it is to be expected that the initial victories should go to the Japanese.”。

② Ibid. 原文为“But as the Great War has shown, what counts in large-scale and long-drawn-out war is not which side wins the initial victories but who can last out the longest; and this, of course, depends upon ourselves.”。

③ Wen Yuan-ning, “Editorial Commentary,” *T'ien Hsia Monthly*, Vol. 11, No. 1, 1940, p. 6. 原文为“The secret of China's successful resistance against Japanese aggression lies almost wholly in her moral and spiritual strength.”。

为复兴的契机，中国将成为一个不可战胜的强国。①

第二，温源宁在驳斥日方战争宣传时，特别注重文化层面的论述，这在以往中国知识界的对日言说中是较为罕见的，在前面的论述中这一点已经有所体现。兹再举一例，在 1938 年的一篇“编辑杂议”中，温源宁援引了一段日本诗人野口勇(Yone Noguchi)致泰戈尔(Rabindranath Tagore，1861—1941)信件的内容，信中，野口称日军的对华战争“尽管可怕，却是在亚洲大陆建立新秩序不得不采取的手段”②。而且宣称，日军发动战争的初衷是为了联合全体亚洲国家对抗西方世界。③ 野口的言论乍看带着“后殖民”视角，将亚洲视作一个文化共同体，共同对抗西方的经济、政治和文化侵略。此种思潮在日本被称为“亚洲主义”，它的起源一直可以追溯到 19 世纪中期。包括竹内好(1908—1977)在内的许多日本学者曾指出，日本的亚洲主义思潮缘于“脱亚入欧”政策的成功。基于此，日本国内产生了与欧洲分庭抗礼的想法，于是一方面试图重建与亚洲各国(尤其中国)的关系，另一方面也滋生了凌驾其上的野心。对于日本的亚洲主义及其与中国的关系，狭间直树做了详细的历史梳理，他认为，日本早期的亚洲主义团体，如兴亚会、

---

① Wen Yuan-ning, “Editorial Commentary,” *T'ien Hsia Monthly*, Vol. 11, No. 1, 1940, p. 7. 原文为“Japan can bomb our homes and raze our cities to the ground, but she cannot bomb our will and determination to win. It is this strong core of defiance against the worst that the enemy can do to our bodies and earthly possessions which will ultimately machine and convert a militarily weak China into a strong and invincible power.”。

② Wen Yuan-ning, “Editorial Commentary,” *T'ien Hsia Monthly*, Vol. 7, No. 1, 1938, p. 232. 原文为“the present war in China ... the inevitable means, terrible it is though, for establishing a new great world in the Asiatic continent ...”。

③ Ibid. 原文为“It is the war of ‘Asia for Asia’.”。

善邻译书馆,均以“兴亚”为目标,并且将中国置于中心位置。直到甲午战争以后,日本知识分子才将亚洲主义的中心由中国转向日本,标志性事件便是 1898 年 11 月 2 日东亚会与同文会合并为东亚同文会,公开提出“保全中国”的口号,并且“在国际上表明东亚同文会作为日本亚洲主义团体,优越于中国的地位”。及至九一八事变发生,日本的亚洲主义思潮再次变质,1933 年成立的亚细亚协会,“毋庸赘言,它是为侵略战争服务的组织”[①]。很明显,抗战时期日方提出建立“大东亚共荣圈”,即脱胎于这股亚洲主义思潮。

清末民初,中国知识界并不排斥日方的亚洲主义,章太炎、梁启超等都有过看似赞同日方言论的文章。但正如葛兆光所指出的,他们对亚洲主义的认可,一是为了对抗“西方”和“欧美”的威胁;二是羡慕日本取得的工业化成果,背后认同的价值基础仍是西方的现代文明。[②] 温源宁很可能并不清楚日本亚洲主义思潮的来龙去脉,然而这并不妨碍反击野口的言论,因为无论如何,在 30 年代后期的语境中,任何谈论亚洲主义的方式都必然与抗日战争脱不开联系。关于野口和他的亚洲主义,温源宁做了如下描述,他认为野口是一个典型的日本老派知识分子(a typical Japanese intellectual of the old school),他们的教育背景尽管来自西方,内心却仍是东方的,并以此自悦。[③] 而所谓的东方,在他们那里往往意味着“中国化”(Chinafied),

---

① [日]狭间直树著,张雯译:《日本早期的亚洲主义》,北京:北京大学出版社,2017 年,第 147—151 页。

② 葛兆光:《宅兹中国:重建有关“中国”的历史论述》,第 179—181 页。

③ 原文为“It pleases him to think that in spite of his western education, he is at heart an Oriental.”。

换言之,即自视儒家精神的继承者(thoroughly imbued with what they consider to be the spirit of Confucianism.)。在这些老派日本知识分子眼中,中国当下最大的问题是抛弃了孔子的教诲,代之以西方的思想观念,这不仅对中国自身有害无益,还危及了整个远东的和平。① 故此,日本的责任即要再造中国文明(re-civilize China),重建中国的儒家传统(restore Chinese traditions, to put Confucianism back on the pedestal where it belonged),以确保亚洲的安全(make Asia safe for the Asiatics)。这其中的关键便是日本的领导——文化与政治两个层面皆是如此——惟有如此,远东地区才能化为"人间天堂"("Paradise on Earth")。野口的言论对于日本的"亚洲主义"思潮本身并无多少突破,将"中国"视为一个文明共同体而非现代主权国家,是这套说辞的理论基础,也是"华夷之辨"得以成立的基本前提。

温源宁认为野口的文章是在为日军侵华寻找借口,并毫不客气地斥之为诡辩(sophistries),②为了增强自己论述的可信性,他紧接着引用了俄国哲学家赫曼·凯泽林伯爵(Count

① Wen Yuan-ning, "Editorial Commentary," *T'ien Hsia Monthly*, Vol. 7, No. 1, 1938, pp. 232 – 233. 原文为"they have denounced altogether the teaching of Confucius, and have instead adopted purely western ideas and ideals which are not only 'harmful' to the Chinese themselves, but also 'endangering' the peace of the Far East."。

② Ibid.

Herman Keyserling,1880—1946)[①]对中日文化的观察,指出日本从未真正领会中国文化的精髓,只是徒有其表而已(never really animated by the Chinese spirit; they merely wore Chinese grab.)。温源宁认为中国文化的精髓在于宽容(tolerance)、谦虚(humility)和理性(reasonableness),大和民族从未真正习得这些特质,因为他们都是自大狂(complete egotists),完全无法领会孔子“己所不欲,勿施于人”的教诲。日军的种种行径最终只是证明了日本再造中国文明的说法只是空话(nonsense),是日本狂妄自大的表现而已。[②] 温源宁的文章对于戳破日军的战争宣传,向国际社会揭露日本的狼子野心,起到了积极的作用,否则他不至于疑心自己和《天下》引起日本特务机关注意,最终随编辑部一起迁往香港。即便从西方自身的立场出发,日本及其宣称的亚洲主义本就针对欧洲而发,放任它在华的军事行动亦可谓养虎为患。尽管如此,对于亚洲主义的底层逻辑温源宁并没有给出直接回应。亚洲主义最大的问题在于将作为一个文明共同体的“中国”和作为现代民族国家的“中国”混为一谈。诚然前一个“中国”的政治疆域并不固定,中心与边缘也有相互转换的先例,但不可否认,从秦

---

① 此君曾在1912年初到访中国,并于5月2日在霞飞路尚贤堂作题为《东方与西方及其对共同真理之探索》(“The East and the West Searching for the Common Truth”)的演讲,相关报道见于次日《大陆报》。此后,他离开中国前往日本。1919年,凯泽林出版《一个哲学家的旅行日记》(*The Travel Dairy of A Philosophy*),记述其旅行之间的见闻与观感,在西方世界引起轰动。因此,温源宁认为他对中日双方的文化、政治、社会现状有直观认识,所做判断亦更有说服力。此书与中国有关之见闻已有人译出,参见[德]赫尔曼·凯泽林著,刘姝、秦俊峰译:《另眼看共和:一个德国哲学家的中国日志》,福州:福建教育出版社,2015年。

② Wen Yuan-ning, “Editorial Commentary,” *T'ien Hsia Monthly*, Vol. 7, No. 1, 1938, p. 233.

始皇"书同文、车同轨"起，在流动的"夷夏之辨"以外，中国人对于何为夏、何为夷又存在着一套相对固定的认知。葛兆光认为，类似现代民族国家的"中国"意识最早可以追溯到宋朝时期，"在自我中心的天下主义遭遇挫折的时候，自我中心的民族主义开始兴起"①。等到 20 世纪 30 年代，中国的民族意识和国家概念大体成型，此时再用亚洲主义的名义侵犯一个疆域明晰的主权国家，无论如何都不具有合法性可言。

除了戳破日方以文化为借口施行战争行为的行径以外，温源宁在呼吁国际舆论支持时，也经常从文化与文明的角度出发，将中国的战事与欧洲，乃至人类整体命运关联在一起。早在抗战初期，温源宁即指出，假如国联没有放任日军在 1931 年侵占东北，那么埃塞俄比亚、捷克-斯洛伐克、波兰的战事或许也不会发生。② 而在当前情势下，混乱的远东与和平的欧洲亦是不能共存的，假如国际社会对日军侵华不加干涉，那么早晚远东的战事将扩展到欧洲和北美。③ 在此，温源宁判断准确与否并不重要，重要的是他开启的言说方式：中国的战事并不是孤立的地方性事件，它与欧洲，与全人类的命运息息相关。换言之，西方世界并非仅仅是在援助中国，亦是在自救。面对日本知识分子借亚洲主义言论为日军侵略战争背书的行径，温源

---

① 葛兆光：《宅兹中国：重建有关"中国"的历史论述》，第 41—42 页。

② Wen Yuan-ning, "Editorial Commentary," *T'ien Hsia Monthly*, Vol. 9, No. 3, 1939, pp. 222 - 223. 原文为"But it is doubtful if the rape of Ethiopia, Czecho-slovakia and Poland would have come to pass, had Japan been stopped in 1931 in her career of wanton aggression."。

③ Ibid. 原文为"Lawlessness in the Far East sooner or later means also lawlessness in Europe and America."。

宁以世界主义的立场回应,指出中国不仅是亚洲的中国,更是世界的中国。他强调,横亘在中国与日本之间的并不仅仅是战争,人类命运共同体的基础也不是政治,而是文明。远东和欧洲的战争实际上是同一场战争,不只是协约国和同盟国之间的较量,更是秩序和无序之间的角力。[①] 如此一来,西方的对华援助便具有了文化、道德、伦理层面的紧迫性与必要性。

实用主义的文化观

总体而言,温源宁的抗战言说,"宣传"是一个方面,对战争和文明的反思是另一方面,前者是他作为一个知识分子,将个人命运融入国族兴衰的担当,后者则是他作为独立个体,对于人类普遍命运的思考。"二战"是影响人类历史走向的重大事件,它的发生促使人们重新审视技术、知识、理性的意义,反思人与自然的关系。战后,荒诞派戏剧、存在主义哲学,以及后续各种"后学"理论的兴起,一定程度上都是战争冲击遗留在政治、文化、社会领域的余波。作为一个被裹挟进现代进程的国家的知识分子——即便经历与背景不那么典型——温源宁的反思亦不会像他的西方同行一样,深入对理性本身的辨析,但有一种体验是共通的,即深刻地意识到个人意志与历史宿命间悲壮的碰撞,以及美好事物的转瞬即逝,由此表现出一种无可

① Wen Yuan-ning, "Editorial Commentary," *T'ien Hsia Monthly*, Vol. 9, No. 3, 1939, p. 223. 原文为"There are not two wars, but only one, a fight to the finish between the force of order and lawlessness."。

奈何的怅惘和忧郁情绪。

1942年，正在印度任记者并学习梵文的金克木（1912—2000）偶遇了取道印度前往伦敦宣传抗战的温源宁。在金克木眼中，“温文尔雅”的温源宁，“穿的是西装”，仿佛“宋朝或明朝的词人、文士”，在一场晚宴上，“他向饭店侍者要了一小杯碧绿的杜松子酒，举起杯来，好像叹口气似的说：‘真没想到在这里吃到这杯酒。’”惹得金克木一时间“疑心做梦进了《世说新语》了。……竟然不知道怎么和这样一个人谈话”。名义上，温源宁是半官方的外交人员，但是“重庆、伦敦、加尔各答、珍珠港等等话题和他说话的语气完全不是一回事。他眼中心中仿佛只有那一小杯绿酒，仿佛世界大战的炮火赶不上这杯酒有味”①。在金克木的这段描述中，温源宁的怅惘和忧郁展露无遗，而那小杯碧绿的杜松子酒正是所谓美好事物的缩影，彼时彼刻，它的存在构成了一个隐喻，在战争的炮火下，日常生活和蕴含其中的情感就像这杯酒，微小、美丽又极其脆弱。当生存的确定性受到严重威胁，当个人意志在历史宿命面前显得不堪一击，这小杯碧绿的杜松子酒让温源宁得到短暂的慰藉，但是他清醒地意识到，慰藉只是一时的，残酷的现实已容不下这小小的酒杯。因此，尽管他一再从文化的角度立论，秉持的却是极为实用主义的立场，在“为艺术而艺术”和“为人生而艺术”中，温源宁选择了后者。

作为杂志主编，一方面，温源宁有责任维持杂志“文化导向”的创立初衷，另一方面，他也不能无视满目疮痍的现实，对

① 金克木：《代沟的底层：读温源宁〈一知半解〉》，《读书》1989年第6期，第69页。

此,他采取的策略是放宽文学和文化的定义,使其不再局限于单纯的审美活动或象牙塔中的知识探索,借用当代文化研究者的观点,“文化是对一种特殊生活方式的描述,这种描述不仅表现艺术和习得中的某些价值和意义,也表现制度和日常行为中的某些意义和价值”①。于是,以文学、文化为手段参与社会实践就变得顺理成章。1939 年,全面抗战爆发两周年之际,温源宁在“编辑杂议”中写道:“当代生活已经萎缩,人们已无暇观赏阳光下随风起舞的落英。……文学和哲学在此环境下似乎已无存在空间。”②随即,他话锋一转,又指出只要文学和哲学是“健康的”(healthy),它就不会被现实淘汰,对于那些致力于用笔建立一个人道主义世界(a world in which humanistic values shall prevail)的人而言,当前还不是灰心的时候,这也是《天下》同人共同的信念和奋斗目标。那何谓“健康”呢?温源宁给出的答案或许会让人稍感惊讶。他认为,当民众身处一个随时可能被轰炸,进而暴尸街头,成为苍蝇野狗盘中餐的情境下,文学再去表现风花雪月的爱情或家长里短的人情世故,已经变得不合时宜。那些具有创造力的作家应当成为战争机器的一部分,不再向缪斯献媚,转而臣服战神,以笔为枪,化身宣传家投入社会实践之中。③ 可见,温源宁所谓“健康的”文学是一种与

---

① [英]雷蒙德·威廉斯著,赵国新译:《文化分析》,《外国文学》2000 年第 5 期,第 61 页。

② Wen Yuan-ning, “Editorial Commentary,” *T'ien Hsia Monthly*, Vol. 9, No. 1, 1939, p. 5. 原文为“Modern life has been reduced for each man ... not to look at flowers dancing in the wind and sunshine ... Literature and philosophy seem to be out of place in such an atmosphere.”。

③ Wen Yuan-ning, “Editorial Commentary,” *T'ien Hsia Monthly*, Vol. 8, No. 2, 1939, pp. 113 – 114.

现实关联更紧密、更直接的文学。换言之，温源宁并不承认有一种永恒的文学性——在任何语境下，它是文学之所以为文学的前提——他认为文学性是游动的、可转换的概念，即在不同的语境下，使文学成为文学的前提是不同的。

温源宁的表态可以视作《天下》在文化问题上立场转变的标志，在此之前，《天下》试图向西方展示的中国文化主要集中于美学和智力层面的成果，古典诗歌、儒家和道家经典、绘画、书法等无不如是，而在此之后，所谓的“文化”更多意味着习惯、态度和有迹可循的社会实践。正是在此转变的基础上，《天下》容纳了越来越多“政治性”内容，因为政治原本就是社会实践的重要组成部分。

小　结

身兼《天下》主编和撰稿人两种身份的温源宁在以不同“身份”言说时，呈现出了不同的面向。当他以撰稿人身份示人时，所涉话题皆是自己本行，展现的乃是他的专业素养和知识积累。当他用主编身份登场时，他会在“编辑杂议”中臧否时事，承担公共知识分子的责任。自全面抗战爆发以后，温源宁积极参与了《天下》的“抗战言说”，他一方面宣扬抗战必胜的信念，另一方面对日军的战争宣传做出针锋相对的回应，为中国赢得国际舆论的支持贡献了自身的力量。温源宁的“抗战言说”，与此前英文语境下中国知识界主流话语不同之处在于，他特别提及了中国和日本文化上的渊源，称日本是一个不合格的学生，并从这一角度驳斥了日本所谓“大东亚共荣圈”的战争借口。他对中国传统文化有着惊人的自信,然而这背后又是他作为一名华侨与故国和故土的隔阂,考虑到“五四”时期提倡新文学的知识分子普遍抱有“全盘反传统”的倾向,或许正是此种隔阂与距离给他留出了想象传统文化的空间,故而对传统文化多了一份许多在地者不具备的信心。

自全面抗战爆发以后,温源宁对文化的理解亦发生了改变,他倾向于将社会实践视作文化的重要组成部分,因此《天下》容纳了许多原本为它排斥的现实性、政治性内容,“抗战言说”即是其中重要的组成部分。此外,与一般政治上的自由主义者、文化上的精英主义者不同,温源宁没有对“永恒”的文学性的迷思,他认为文学应当顺应现实的变化而变化,艺术家的创造力在特定的时候,可以不局限于追求极致的审美体验,亦可以用于战争宣传。他不认为存在一成不变的使文学成为文学的“文学性”,他的这种态度,对《天下》翻译和评价中国现代文学的风向转变产生了重大影响,越来越多抗战的小说出现并被杂志翻译刊载,关于诗歌的论调亦从“为艺术而艺术”转为表现现实,声援抗战。

第三章　审美趣味与历史责任间的抉择:《天下》所刊现代文学译介

《天下》既然主打“文化输出”,“文学”作为“文献的文化”之重要组成部分势必备受关注,其中又以“现代文学”的译介最为可观。西方汉学界对中国古典文学的兴趣由来已久,译介虽难称系统,却并非无迹可寻。相较之下,在新文化运动之后的很长一段时期内,中国现代文学在西方读者视野中一直处于缺失的状态,正是经由《天下》的译介,这一局面才得以稍许改变,譬如前文所述姚莘农翻译之《雷雨》,再譬如哈罗德·阿克顿(Harold Acton,1904—1994)与陈世骧(1912—1971)合译之新诗等,在中国现代文学翻译史上都具有开创性意义。即在篇幅方面,现代文学的翻译亦占据了杂志“翻译”一栏大半江山。翻译不仅是不同文字间语意转换的技术问题,更涉及自我表达和文化选择,具体到《天下》译介现代文学之内容,便直截了当地反映了杂志同人对于“何为文学”“文学何为”等本质问题的看法。这些问题本就是新文化运动兴起的根本动力,是构成现代文学历史叙述的底色,《天下》的特异之处在于以英语为载体,以西方读者为期待受众,使得杂志避开了中文语境下的话语论争,获得了相对独立的表达空间。因此,《天下》所呈现的文学观,究竟是对主流历史叙事的补充,抑或“被压抑的传统”之一种,便尤为引人注目。

《天下》译介现代文学之概况

《天下》所刊现代文学有关内容,主要集中于“纪事”“翻译”两个专栏。“纪事”栏内容驳杂,自 1935 年 8 月创立到杂志终刊,发表文学类篇目总计 10 篇,约占总数两成,其中又以戏剧居多,计 5 篇;诗歌次之,计 4 篇;另有一篇名为《文学纪事》,小说、散文之评价即涵盖在此名目之下,不专做论述。前文已提及,“纪事”文章的作者,多是该领域专家,“文学”一类亦不例外,譬如主笔《戏剧纪事》的姚莘农,又譬如主笔《诗歌纪事》的邵洵美——尽管自 30 年代中后期起,邵洵美已基本放弃诗歌创作,但“唯美诗人”“颓废派”的称号仍彰显了他在新诗发展史上留下的痕迹,足够说明他对新诗的熟稔程度。而且,邵洵美之于《天下》,亦远非“撰稿人”那么简单,据其女儿邵绡红回忆,早在《天下》创办之前,邵洵美便经常与吴经熊、温源宁、全增嘏等人在项美丽位于宁波路江西路口的寓所讨论杂志相关事宜。[①] 项美丽的回忆录也提到了此事,同时她还指出,邵洵美与她本人都曾受编辑邀请为《天下》撰稿。[②] 事实上,项美丽不仅是《天下》主要的外籍撰稿人之一,还与邵洵美合作,翻译了沈从文的《边城》。

"翻译"栏自《天下》创立伊始便存在,且所涉题材较"纪事"专门得多,几乎可算是文学的天下,现代文学又是其中重头,除开最初几期近水楼台登了林语堂译《浮生六记》外,后续全为现代文学所垄断,总计发表小说译作 23 部,新诗 13 首,戏剧 2 部。直到编辑部南迁香港以后,吴经熊所译古典诗歌和《道德经》的出现,这一局面才有所改变,但那时《天下》组稿已远不如上海时期便利,吴经熊自译自刊属实也是无可奈何。译者方面,戏剧、新诗作品相对较少,译者也比较集中,姚莘农翻译了《雷雨》以及另一部由他本人创作的剧本《出发之前》,新诗的译者则主要是阿克顿与陈世骧,此外梁宗岱(1903—1983)自译了本人诗作《途遇》和《晚祷》,毛如升(1911—1940)在杂志南迁后也贡献了 3 首译作,具体情况见表 1:

表 1　《天下》所刊新诗 13 首原作与译作发表情况

作者	篇名	原作发表时间、刊物	《天下》刊载日期	译者
邵洵美	《蛇》("The Serpent")	《声色》1931 年第 1 期	1935 年 8 月第 1 卷第 1 期	Harold Acton & 陈世骧

① 邵绡红:《我的爸爸邵洵美》,上海:上海书店出版社,2005 年,第 148 页。

② 王璞:《项美丽在上海》,北京:人民文学出版社,2005 年,第 137 页。

(续表)

作者	篇名	原作发表时间、刊物	《天下》刊载日期	译者
闻一多	《死水》(“Dead Water”)	《晨报》副刊《诗镌》1926年第3期	1935年8月第1卷第1期	Harold Acton & 陈世骧
卞之琳	《还乡》(“The Return of The Native”)	《文学季刊》1934年第1卷第1期	1935年9月第1卷第2期	Harold Acton & 陈世骧
戴望舒	《我的回忆》(“My Memory”)	《中央日报》副刊《红与黑》1928年第3号	1935年10月第1卷第3期	Harold Acton & 陈世骧
戴望舒	《秋蝇》(“Fly in Autumn”)	《现代》1932年第1卷第3期	1935年10月第1卷第3期	Harold Acton & 陈世骧
李广田	《旅途》(“A Journey”)	《汉园集》1936年商务印书馆	1935年11月第1卷第4期	Harold Acton & 陈世骧
李广田	《流星》(“The Shooting Star”)	《文学季刊》1934年第1卷第2期	1935年11月第1卷第4期	Harold Acton & 陈世骧
梁宗岱	《途遇》(“Souvenir”)	《小说月报》1923年第14卷第1期	1936年1月第2卷第2期	梁宗岱
梁宗岱	《晚祷》(“Vespers”)	《晚祷》1925年商务印书馆	1936年1月第2卷第1期	梁宗岱
邵洵美	《声音》(“Voice”)	《诗篇》1933年第1卷第2期	1937年8月第5卷第1期	Harold Acton & 邵洵美

(续表)

作者	篇名	原作发表时间、刊物	《天下》刊载日期	译者
徐志摩	《偶然》("Chance Encounter")	《晨报》副刊《诗镌》1926年第9期	1940年2月第10卷第2期	毛如升
邵洵美	《昨日的园子》("The Garden of Yesterday")	《花一般的罪恶》1928年金屋书店	1940年2月第10卷第2期	毛如升
卞之琳	《一个和尚》("The Monk")	《汉园集》1936年商务印书馆	1940年2月第10卷第2期	毛如升

戏剧、新诗的翻译情况再次印证了《天下》同人杂志的性质,译稿几乎全部来源于编辑私人关系。姚莘农本就是杂志编辑,自不待言。阿克顿是温源宁故识,1932年经温引荐进入北京大学英语系教授英国文学,陈世骧则是阿克顿在北大的学生。阿克顿本人不通中文,他们的翻译通常是由陈世骧先将诗作译成英语,阿克顿在此基础上进行修改润饰,两人合作完成了 *Modern Chinese Poetry*(《现代中国诗选》),1936年由伦敦达克沃斯出版社出版,《天下》所刊译诗便来自这部诗选的书稿。另外,就风格而言,《天下》选译作品的范围亦相对集中,"新月派"诗歌是其首选,象征主义其次,总体而言,都可以归入现代主义名下。

小说翻译的情况较为复杂,因其篇目更多、篇幅更长,因而风格流派不像诗歌一般集中。具体情况可见表2:

表 2 《天下》所刊小说 23 部原作与译作发表情况

作者	篇名	原作发表时间、刊物	《天下》刊载日期	译者
沈从文	《翠翠》(即《边城》)	《国闻周报》1934 年 1—4 月第 11 卷第 1—16 期(非连续)	1936 年 1—4 月第 2 卷第 1—5 期	Emily Hahn、辛墨雷(邵洵美笔名)
	《萧萧》	《小说月报》1930 年第 21 卷第 1 期	1938 年 10 月第 7 卷第 3 期	李宜燮
	《王老太的鸡》(即《乡城》)	《大公报》(香港)文艺副刊 1940 年 6 月 24 日第 8 版	1940 年 12 月—1941 年 1 月第 11 卷第 3 期	Shih Ming(杨刚笔名)
凌叔华	《无聊》	《大公报》(天津)文艺副刊 1934 年 6 月 23 日第 12 版	1936 年 8 月第 3 卷第 1 期	凌叔华、Julian Bell(朱利安·贝尔)
	《疯了的诗人》	《新月》1928 年第 1 卷第 2 期	1937 年 4 月第 4 卷第 4 期	凌叔华、Julian Bell(朱利安·贝尔)
	《写信》	《大公报》(天津)1931 年 5 月 22 日第 8 版	1937 年 12 月第 5 卷第 5 期	凌叔华
谢文炳	《爱国者》(即《匹夫》)	《东方杂志》1936 年第 33 卷第 9 期	1936 年 9 月第 3 卷第 2 期	任玲逊
冰心	《第一次宴会》	《新月》1929 年第 6—7 期	1937 年 3 月第 3 卷第 3 期	任玲逊

(续表)

作者	篇名	原作发表时间、刊物	《天下》刊载日期	译者
萧红	《手》	《作家》1936年第1卷第1期	1937年5月第4卷第5期	任玲逊
巴金	《星》	《发的故事》1936年文化生活出版社	1937年8—11月第5卷第1—4期	任玲逊
鲁迅	《怀旧》	《小说月报》1913年第3卷第10期	1938年2月第6卷第2期	冯余声
	《孤独者》	《彷徨》1926年北新书局	1940年5月第10卷第5期	王际真
	《伤逝》	《彷徨》1926年北新书局	1940年8—9月第11卷第1期	王际真
叶绍钧	《遗腹子》	《一般》1926年第1卷第1期	1938年4月第6卷第4期	任玲逊
杨振声	《报复》	《大公报》(天津)文艺副刊1934年1月13日第12版	1938年5月第6卷第5期	马彬、Emily Hahn
老舍	《人同此心》	《抗战文艺》1938年第1卷第1期	1938年11月第7卷第4期	任玲逊
老舍	《且说屋里》	《蛤藻集》1936年开明书店	1941年8—9月第12卷第1期	叶公超
姚雪垠	《差半车麦秸》	《文艺阵地》1938年第1卷第3期	1938年12月第7卷第5期	马耳、陈依范
吴岩	《离去》	《文艺》(上海)1938年第1卷第4期	1939年3月第8卷第3期	马耳

(续表)

作者	篇名	原作发表 时间、刊物	《天下》刊载 日期	译者
鲁彦	《重逢》	《文艺月刊》1938年第2卷第1期	1940年2月第10卷第2期	任玲逊
王思玷	《偏枯》	《小说月报》1922年第13卷第11期	1940年3月第10卷第3期	毛如升
田涛	《山窝里》	《战地剪集》1938年艺文研究会	1940年12月—1941年1月第11卷第3期	毛如升
俞平伯	《花匠》	《新潮》1919年第1卷第4期	1936年8月第3卷第1期	伍铭泰

纵览此表,不难发现“京派”作家作品尤其受到编辑青睐,沈从文(1902—1988)、凌叔华(1900—1990)、杨振声(1890—1956)、俞平伯(1900—1990)不消说,都是不可不扣的“京派”,连冰心(1900—1999)、巴金(1904—2005)、老舍(1899—1966)与“京派”间亦多有文字往来。此外,鲁迅的作品也如同在中文语境下一样受到重视。缺席者方面,郁达夫(1896—1945)作为早期创造社代表人物没有作品入选令人意外,不过考虑到创造社成员后来的政治立场,以及同出一脉的太阳社曾遭当局封禁,《天下》编辑不选其作品倒也可以理解。至于“新感觉派”诸公,或者由于文学立场激进,实验性质太重,加之技巧形式又多取自西方,故而不入《天下》法眼?总之,无论政治抑或文学,凡是太过激进的,便与《天下》无缘,而杂志所刊小说,若用一个词归纳其风格,则非“现实主义”莫属。

译者方面,任玲逊(Richard L. Jen)和王际真(Chi-Chen

Wang,1899—2001)是出现最多的两个名字。任玲逊的生卒年不详,广东人,1928 年燕京大学毕业,是国民党资深的新闻元老。他精通英文,曾任《北平英文时事日报》编辑,又在二战期间远赴欧洲战场出任战地记者,萧乾回忆文章中曾提到诺曼底登陆、西线大反攻时,任玲逊正作为中央社记者派驻伦敦。[①] 战后,任玲逊历任国民党中央通讯社英文部主任、中央驻华盛顿办事处主任、巴黎办事处主任及台湾驻美大使馆新闻参事等。可见文学原非其本行,想必是热心文艺,加之英文出色,又与《天下》诸公相熟,才操持起翻译这份副业。

另一位重要的译者王际真,山东桓台人,1921 年清华学堂毕业后赴美留学,先进威斯康星大学,再转到哥伦比亚大学,1927 年哥大毕业,此后长留美国,是英语世界最早的鲁迅翻译者之一,也是美国汉学界研究中国现代文学的先驱。[②] 早在 1935 年,王际真便翻译了《阿 Q 正传》,并发表于《今日中国》(*China Today*)。随后又在纽约出版的《远东季刊》(*The Far Eastern Quarterly*)上发表过《风波》《祝福》的译本。1939 年 1 月,王际真撰写的 *Lusin: a Chronological Record*(《鲁迅年谱》)发表在纽约的《中国学社通讯》(*China Institute Bulletin*)上,是海外第一部鲁迅年谱。1941 年,王际真翻译鲁迅小说集《阿 Q 及其他——鲁迅小说选集》(*Ah Q and Others: Selected Stories of Lusin*)在哥伦比亚大学出版社出版,《天下》所刊英

① 萧乾:《跑江湖采访人生:我的旅行记者生涯》,《新文学史料》1991 年第 4 期,第 106 页。

② 王际真的生平可参见顾钧:《王际真的鲁迅译介》,《新文学史料》2012 年第 3 期,第 176—179 页;夏志清著,董诗顶译:《王际真和乔治高的中国文学翻译》,《现代中文学刊》2011 年第 1 期,第 96—102 页。

译鲁迅小说《孤独者》《伤逝》正是源于此书书稿。

《天下》刊译现代文学之概况大体如此,最直观的印象便是编辑同人的文学交际极大程度影响了译文的选择、稿件的来源。在此表象背后,如何锚定杂志对于现代文学的基本立场,还需要结合“纪事”和专论文章一同考察。

“纪事”和“翻译”的立场冲突

大体上,“纪事”文章可以视作《天下》文学观的直接表达,“翻译”作品则是另外一种隐性补充,两者本应互为表里,可事实上,很多时候两者的观点存在差异甚至相互冲突。下面我们不妨先以时间为线索,对此做一简单梳理。考虑到当时特殊的时代背景,我们将卢沟桥事变视为一个重要的时间节点,并着重比较在此前后杂志对于现代文学应当承担的现实作用、历史责任之异同。

自创刊至1937年7月,《天下》共刊登了两篇文学类纪事,分别是由姚莘农主笔,发表于1936年8月第3卷第1期的《戏剧纪事》;以及由邵洵美主笔,刊登于1936年10月第3卷第3期的《诗歌纪事》。在《戏剧纪事》中,姚莘农回顾了近年来戏剧的发展,包括剧团数量的增加、舞台技术的进步、表演水平的提高等,而他最关注的乃是戏剧主题的变化。他认为在新近创作的戏剧作品中,作家的关注重点已经明显转向了“保家卫国”,在他看来,这种转向有助于拉近戏剧与生活之间的距离,进而推动戏剧的复兴。在这篇文章中,姚莘农明确地表达了戏剧应该服务于现实的观点,并多次使用了“propaganda”一词直接点明戏剧的现实作用,对于戏剧作品的审美价值则几乎未著一语。两个月以后,《雷雨》开始在《天下》连载,姚莘农为此专作一文,是为1936年10月第3卷第3期卷首的“编辑杂议”,这也是为数不多“编辑杂议”非由温源宁主笔的情况。文中,姚莘农对《雷雨》及其作者曹禺给予了热情的称赞,而不像在两个月前的《戏剧纪事》中那样,仅仅冷静地称其为一部成功的作品。姚莘农认为,《雷雨》最大的成功之处在于扩大了戏剧的影响范围,使其受众突破了原先由学生和知识分子组成的小圈子,成为一种为各个社会阶层都能接受、欣赏的艺术形式。可见,姚莘农看重的仍是戏剧的实用性和通俗性,对于舞台布置、演员演出等技术性元素他未置一词,对于剧本台词、人物形象、剧情结构等“文学性”元素他也不甚在意,以他的判断力与鉴赏力,本该对《雷雨》艺术上的成就与不足有更深刻的见解,但他的关注点显然不在这一方面。

姚莘农因为戏剧主题的通俗化、现实化而鼓舞,邵洵美却因为相同的原因对新诗的未来表示担忧,虽然他没有正面论及,只是顾左右而言他,将关注的重点置于新月派和现代派诗人之上,借助对于新诗发展历史的回顾,指出西方诗歌对新诗的影响,以及徐志摩在其中所起的重要作用。对于艾青等左翼诗人,邵洵美一字未著,以此表达他对诗歌“宣传化”“实用化”“爱国化”的抗拒。事实上,这一时期,邵洵美的诗歌主张相较他初登诗坛时已发生了不小变化,他不再追求诗歌形式的“唯美”或精神的“颓废”,具体表现便是绝少再提波德莱尔和象征主义,也不再言及“纯诗”和诗歌的“客体化”,开始“在‘肌理’上用功夫”[①],主张“(诗歌)字眼的音调形式,句段的长短分合,与诗的内容意义的表现及点化上,有密切之关系”[②]。一言以蔽之,诗歌的形式与内容要统一。照此要求,邵洵美认为真正的诗人“非特对于字的意义应当明白,更重要的是对于一个字的声音、颜色、嗅味、温度都要能肉体地去感觉及领悟”[③]。此时的邵洵美,不再单纯依靠冲动、依靠“琐碎的灵感”写作,诗歌素材也不再取自“英国名诗的节译或改作”[④],他琢磨诗歌的音韵和节奏,感受意象的色彩与温度,试图让形式与内容相得益彰,力求让“最好的字眼在最好的秩序里”[⑤]。因此,《诗二十五首》中收录的作品,不论成就高低,至少脱去了早年的直露和浅白,显示出诗人强烈的创作自觉。可以说,相比早先激进的诗歌立场,邵洵美已“保守”“温和”了不少,并且他本人的出版实践也由纯文学领域转向广义的文化,乃至时政话题,积极承担起知识分子的公共责任,但这仍不足以使他放弃对诗歌审美性的要求,高举实用主义的大旗。

这一阶段《天下》刊登的翻译作品,从最早的沈从文的《边城》,到后来凌叔华的《无聊》、俞平伯的《花匠》和谢文炳的《匹夫》,再到稍晚一些曹禺的《雷雨》、冰心的《第一次宴会》、凌叔华的《疯了的诗人》和萧红的《手》,大都具有鲜明的个人色彩,并无姚莘农文章中所赞赏的那些俯就大众欣赏习惯、宣扬“保家卫国”精神、注重“宣传”功用、服务现实的“功利性”作品。因

---

① 邵洵美:《诗二十五首 · 序》,上海:时代图书公司,1936 年,第 8 页。

② 邵洵美:《新诗与“肌理”》,《人言周刊》1935 年第 2 卷第 41 期,第 816 页。

③ 同上。

④ 《诗二十五首 · 序》,第 6 页。

⑤ 《诗二十五首 · 序》,第 10 页。

此,我们倾向认为,这一阶段《天下》在选择翻译作品时更加注重技巧、风格等审美层面的特质。但是,随着战争的到来,"纪事"文章的观点亦随之发生转变。

在1937年的纪事文章中,虽然涉及的文学事件发生了变化,但是姚莘农和邵洵美依然延续了各自的基本立场,这使得《天下》的文学观在显性的"纪事"层面保持了原有的丰富性。姚莘农提到了上海工部局的戏剧审查制度,他认为这限制了富有启发性(stimulating)和觉醒意味(awakening)的剧本的上演,只能代之一些"无害的东西"(harmless stuff)。具体而言,便是"任何稍微涉及马克思主义或者抗日内容的剧本,绝没有希望在上海公共租界上演"①。可见,此时的姚莘农不仅在对日立场方面相当激进,在政治观念上亦亲近马克思主义,体现在他的《戏剧纪事》中便是:他呼吁戏剧更深入地影响社会生活,改变人们的观念与想法,戏剧的艺术性则一如既往地被冷落了。

同样,邵洵美也依然坚持文学审美性优先的原则,并批评那些迎合现实需要的创作是"人造的诗歌之花",其创作动力则"来源于对事业的焦虑与野心"②,而非对于诗歌艺术本身的追求。对于所谓的"战争文学"(war literature),他提出了更为激烈的批评,例如,他如是评价《烽火》——"你不能期待上面有什么好东西",甚至"不能期待任何超出其名字暗示的东西"。③

---

① Yao Hsin-nung, "Drama Chronicle," *T'ien Hsia Monthly*, Vol. 5, No. 1, 1937, p. 52.

② Zau Sinmay, "Poetry Chronicle," *T'ien Hsia Monthly*, Vol. 5, No. 4, 1937, p. 400.

③ Ibid., p. 403.

对于文化界救亡协会主办的《救亡日报》,他认为充斥其上的无非是一些中国战士的英雄行为、日本军队的兽行或者无助的平民受到残酷对待之类的陈词滥调。最后,他断定这些诗歌都是“不真实的”(unreal)。在他看来,这是一份以“宣传”为目的的报纸所能预想到的最坏情况。这篇论战性质十足的文章充分表明了邵洵美的立场,在他眼中,诗人不应把“宣传”作为创作诗歌的准则,而应遵循其自然的欲望或者转瞬即逝的灵感。对于战争题材的诗歌,他进行了严厉的批评,不过对于艾青(1910—1996)这样优秀的左翼诗人,邵洵美仍然给予了肯定。

在当时的语境下,邵洵美的观点显得与时代主潮格格不入,他虽然放弃了早年间美学先锋派和极端个人主义者的形象,放弃了以性爱反抗社会主流道德,以情感挑战陈规陋俗,以此实现个人解放的最终目标,但他对文学的审美特质仍有要求,无法认同将诗歌化作现实政治传声筒的做法。总之,姚莘农和邵洵美分别以自己的方式延续了各自的观点,前者无疑是文坛主流价值取向的体现,后者则因“政治不正确”而逐渐遭到冷落。

自1938年起,邵洵美逐渐从《天下》淡出,他所坚持的诗歌立场亦为后来者彻底扭转,[①]而姚莘农的观点则被继承并进一步发挥。至此,《天下》在“纪事”中所表现出的观点由对立趋于统一。譬如,陈大仁在1938年的《文学纪事》中表示:“笔或许比剑威力更大,然而现实是许多人投笔从戎,因为他们感到,面

---

① 事实上,邵洵美本人此时的观点亦发生了进一步转变,1938年到1939年间,他与项美丽合作发行了时政类中英双语刊物《自由谭》(Candid Comment),并直言:“办杂志是一件大众运动。”可见,即便被人称为“颓废派”,在抗战的大背景下,邵洵美亦试图通过对重大社会事件和国族命运的直接介入,承担起凝聚道德人心、激励民族士气的重任。(参见邵洵美:《编辑谈话》,《自由谭》1938年9月第1期,第4页。)

对民族的危机,他们应该为神圣的抗日宣传尽自己的一份绵薄之力。"[①]而 Frank B. Wells 则为戏剧在美学方面的缺陷大声辩解道:"美学方面的缺陷早已为剧本创作、表演时的真诚与热情所弥补。在杰出的献身精神的驱使下,中国的剧作家、演员为了实现国家的和平与安全,早已将个人的成败置于国家利益之下。"[②]凌岱则在诗歌纪事中宣称:"温和的诗歌艺术是时候要让位给残暴的战争艺术了。"[③]并且暗示,新月派与现代派的诗人们之所以保持沉默,正是因为他们已然跟不上时代的步伐。"诗人们躲在象牙塔里写那些风花雪月的诗歌的年代已经一去不返了。"[④]在抗战的大背景下,凌岱通过这种言说方式,彻底取消了邵洵美所代表的诗歌观念的合法性,进而为"战争诗歌"——无论是将传统的诗歌形式加上新的词汇语言,还是朗诵诗、墙头诗、街头诗,奠定了正统地位。

不难看出,随着战事的深入,评论者纷纷把视线投向与抗战息息相关的文艺作品,不同的文学体裁都面临着相同的现实诉求——走向民众,宣传抗战。然而,在《天下》选择翻译的作品中,与"纪事"观点相符者可说寥寥无几。即使将所有题材涉及抗战的作品全部计算在内,也仅有姚雪垠、鲁彦、田涛的三个短篇,以及姚莘农的一部独幕戏剧。即便如此,我们也不能简

---

① Chen Ta-jen, "Literature Chronicle," *T'ien Hsia Monthly*, Vol. 6, No. 3, 1938, p. 228.

② Frank B. Wells, "Drama Chronicle," *T'ien Hsia Monthly*, Vol. 6, No. 5, 1938, p. 479.

③ Ling Tai, "Poetry Chronicle," *T'ien Hsia Monthly*, Vol. 7, No. 5, 1938, p. 492.

④ Ibid., p. 494.

单地将“宣传”一类的字眼加诸其上。因此,虽然《天下》在显性的“纪事”层面统一了自身的文学观,但是在隐性的“翻译”层面上,文本的多样性与复杂性仍然得以保留。

传统的“负担”与现实的焦虑

如上所述,不难发现“纪事”与“翻译”所表达的文学观存在着不小的差异。概言之,便是“翻译”作品的选择更看重文学的审美性,而“纪事”文章的观点则强调文学的功利性。借用陈平原评论《新青年》的话,我们可以称之为“历史责任与个人审美趣味之间的矛盾”①。如果说“翻译”体现了编辑的“个人审美趣味”,那么“纪事”便是表达了编辑的“历史责任”。审美趣味的形成有赖于个人经历、教育背景等因素,殊难辨明,然而历史责任的成因是值得并且能够加以探讨的。出于对新文学传统的继承与回应、宣传抗战的需要、构建民族主义话语的热情,《天下》的“纪事”文章才会表现出对于文学功利性的急切诉求,因此便形成了杂志内部文学观的分歧。

《天下》对于文学的定位,很大程度上继承了“五四”新文学的传统,而新文学的传统,大都肇始于《新青年》。然而,《新青年》并非文学杂志,何以能在现代文学史上占据如此要津?原因不外乎其自信地阐明了“何为新文学”“新文学何为”这两个基本的问题,此后新文学的发展无不受制于其开创的“理论范

① 陈平原:《触摸历史与进入五四》,北京:北京大学出版社,2010年,第84页。

式”。因而,解读《新青年》无疑是认识新文学传统最好的途径。王晓明曾指出,《新青年》在总体上具有功利主义与绝对主义的特点,编辑同人常以救世主的姿态自居,针对各种文学、思想、现实等问题频开药方。而陈独秀、胡适等人倡导的文学革命,“不过是想从这里打开缺口,为新思想凿通一条传播的渠道”[①]。其实,只要我们稍加回顾《新青年》上关于新文学的几篇“纲领性”文件,——不论是《文学改良刍议》《文学革命论》,还是《人的文学》,强调的都是文学对于思想改造所起的作用,而改造思想为的是解决现实问题。因此,林毓生将这一思维模式概括为“借思想、文化解决问题的方法”[②]。鲁迅弃医从文的故事也正是这一思路的体现,由此可见,文学作为启蒙工具这一信念,普遍根植于彼时知识分子脑中,而这或许是那个更长的“文以载道”传统的现代变体。

以往的学者,在《新青年》的研究过程中,往往倾向于强调其启蒙的意义、开拓的勇气以及对现代精神的追求。然而,王

---

① 也有学者不同意此种看法,陈平原便认为《新青年》倡导“文学”,促成文学革命只是其中一个目的,吸引读者、传播新知、改良群治也是重要的因素。笔者以为,除了吸引读者以外,传播新知、改良群治与文学革命并非并列的关系,而可视作文学革命的目的。另一位学者刘禾认为,文学之所以在这一时期变成一个重要的事件,“这与其说是因为小说、诗歌以及其他文学形式是自我表现的透明工具,忠实地记录了历史的脉搏,不如说是因为阅读、书写以及其他的文学实践,在中国人的国族建构及其关于‘现代人’幻想的想像的(imaginary/imaginative)建构过程中,被视为一种强大的能动力”。这就等于彻底否定了文学的个人化立场,而将其视为某种共同体的构建工具。虽然表述方式有所差异,但是海内外的学者都不约而同地指出了新文学的出现伴随着强烈的功利意味。(具体可参见王晓明:《一份杂志和一个“社团”——重评五四文学传统》,载李陀编选《昨天的故事:关于重写文学史》,北京:生活·读书·新知三联书店,2011 年,第 213 页;陈平原:《触摸历史与进入五四》,第 79—92 页;刘禾著,宋伟杰等译:《跨语际实践——文学,民族文化与被译介的现代性(中国,1900—1937)》,北京:生活·读书·新知三联书店,2008 年,序言,第 3 页。)

② 林毓生:《中国传统的创造性转化》,第 193 页。

晓明则为我们指出了这些闪闪发光的概念背后的“黑暗面”,它一方面确实重塑了中国文学的精神,另一方面却也造成了它的先天缺陷。在西方的文学传统中,理论总是后起于创作,它是对创作的归纳,而经由《新青年》倡导的中国现代文学,其诞生方式则迥然不同,“它是先有理论的倡导,后有创作的实践……理论先提出规范,作家再按照这些规范去创作;不是由几个缪斯的狂热信仰的个人创作所造成,而是一群轻视文学自身价值的思想启蒙者所造成”[①]。由这种独特的诞生方式,又派生出三个观念:“第一,文学的进程是可以设计、倡导和指引的;第二,文学是应该而且可以有一个主导的倾向的;第三,文学理论是非常重要的,它完全可以对创作发挥强大的指导和规范作用。”[②]王晓明的观点可能略显激进,也无力解释为何新文学诞生之初“个人主义”强烈地弥漫在例如郭沫若、郁达夫等许多作家的作品之中,然而他确实指出了隐藏在新文学启蒙传统下的这股潜流。对于20世纪30年代以后的中国文学,何以忽然之间放弃个人立场,投入民族主义的怀抱之中,王晓明为我们提供了一个新的观察角度,使得我们能够摆脱历史环境、政治影响等思维定式,从文学自身出发重新审视其发展的脉络。放眼全球,我们会发现,与中国有过相似现实困境的国家亦不在少数,然而,一战、二战时期的英国和法国文学也没有因此而变得现实化、功利化,甚至同质化。相反,在那段时期,英国文学反而显示出更为个人化的趋势,其关注的对象也从传统现实主义

---

① 王晓明:《一份杂志和一个社团——重评五四文学传统》,载李陀编选《昨天的故事:关于重写文学史》,第215页。

② 同上。

强调的外部世界内转为对于现代人的精神世界,伍尔夫(Virginia Woolf,1882—1941)、乔伊斯(James Augustine Aloysius Joyce,1882—1941)等都是很好的例子。

纵观“纪事”所表达的观点,我们不难得出结论,《天下》的编辑与撰稿人基本上忽视了文学的审美特质,对于文学的要求,常常停留在功利的层面,论者们汲汲构建的正是刘禾所言的“民族认同”。战争与政治因素当然是促成这种转变的重要原因,但是从文学自身的发展来看,文学工具化的倾向实则一早便已萌芽。随着中日战事升级,文学承担的社会诉求愈发繁重,并逐渐与审美趣味分离,最终在公共空间的讨论中,文学便只剩下为现实政治、为民族国家服务这一种声音。有论者认为:“对于小说、诗歌与戏剧这三大现代文学体裁,《天下》无论是在翻译还是在文论上,都以宣传‘抗战’为准则。”[①]这一论断恐怕并非完全准确,事实上,翻译和文论之间从一开始的矛盾冲突到最后的立场一致,中间经历了一个转变的过程。

如果说,对于文学定位的偏差是导致杂志文学观出现矛盾的内部原因,那么时代背景和现实环境便是其外部原因。在20世纪30年代后期的中国,现实环境对文学的作用有着明确的期待,那便是宣传抗日。由于战争的性质,对于文学现实功用的诉求往往又和民族主义话语的建构相互重叠。需要特别指出的是,《天下》在“纪事”中所表达的文学观——要求文学为现实服务、强调文学的功利价值——并不能等同于通常意义上

① 严慧:《超越与建构——〈天下〉与中西文学交流》,上海:光明日报出版社,2011年,第189页。

的“现实主义”。据安敏成(Marston Anderson,1952—1992)的观点,现实主义“与其说是对社会问题的积极参与,不如说是一种美学上的回避”[①]。现实主义是中国现代作家面对民族危亡时的自觉选择,在其发展过程中,作家非但没有放弃个人立场,反而试图“创造一种既是个人的也是民族的自我”[②]。反观《天下》,其所强调的功利性文学恰是回避现实,一味突出正面形象,弘扬战斗精神的文学。此种文学作品大都本着激发民族情感的目的,其中作家的自我处于缺席状态,因而不能被视作“现实主义”文学。我们不妨再引用一段安敏成的观点,说明功利性的文学与现实主义的文学之间究竟有何区别:“新小说(按:在安敏成的书中指30年代以后出现的抗日文学等作品,纪事中给予肯定的那些作品大体属于此类)更倾心于颁布一副全新的意识形态化的世界图像,而不是像早期现实主义者那样,致力于开掘虚假的世界观与真实社会现状之间的差异。”[③]虽然安敏成的主要论述对象是小说,但我们认为这段文字同样适合于描述其他文类的创作状态。基于此,我们可以认定,“纪事”对于文学功利性因素的诉求与“翻译”刊载的传统现实主义作品形成了一种错位,当两者并置时便会显得格格不入。

30年代中期以后,民族主义话语逐渐成为思想界、文学界的主导因素,在这种大背景下,《天下》尽管以英语发行仍无法回避这一话题,不论赞同或者反对,客观上都已被纳入整个历

---

① [美]安敏成著,姜涛译:《现实主义的限制——革命时代的中国小说》,南京:江苏人民出版社,2011年,第23页。

② 同上书,第103页。

③ 同上书,第177页。

史图景之中。况且,《天下》的创刊宗旨便是向世界传播中国文化,其中已然蕴含着民族形象构建的迫切期待。这一点,即使在以英语写作的过程中亦不曾有所放松,正相反,陌生的语言环境反而加重了当时知识分子的民族焦虑,而其官方背景也只是证明了国族形象的建构无关乎政治立场,乃是中国知识分子的普遍追求,所不同者只在取径方式而已。

《天下》构建民族主义话语的方式,主要体现在其对改写传统文学形式的热情上,这一点随着战争的深入而逐步加深。当本民族面临异民族的侵犯、家国受到来自他者的威胁,无论是政治层面还是文化层面,民族主义自然而然成了最容易的心灵归宿。在和平年代,民族的特性尚可能由于缺少他者的威胁而显得模糊不清,乃至为人忽视,但是当外界的威胁突然变得近在眼前,整个国家即将沦为他人鱼肉之时,无论是普通民众还是社会精英,首先想到的无疑是弘扬自我的特性,以此寻求民族认同,获得信心与安慰。尤其是当日本高举“大东亚共荣圈”的旗帜,不仅试图在军事上压倒中国,更试图在文化上一统东亚时,中国知识分子的心理必然因这前所未有的挑战而经历巨大的落差。古老的中华文明在历史上并非没有遭受异族入侵的情况,然而每次都能以强大的文化凝聚力与融合力同化外来的入侵者,使其在自我的文化体系面前低下“野蛮”的头颅。然而,经历了自近代以来一系列的挫折以后,中国的文化精英显然已经没有足够的自信继续支撑其在文化上继续藐视侵略者。因而,五四时期反传统思潮才会在短时间内迅速占据最强势的话语高地。于是我们看到,在《天下》上,论者已经不满足于为传统文学招魂,因为传统已然在一定程度上被等同于腐朽、落后,随着科学、进步等观念日益深入人心,知识分子对于文学如何构建民族话语也产生了新的认识。传统不能再以原本的面目出现,而必须适应现代的要求,它首先必须具有现代精神。但是大多数知识分子对于现代的认识仅仅停留在科学、民主、进步等功利性的层面,因此,对民族话语的建构便很容易演变成文学功利性诉求的另一个向度。①

---

① 中国的“现代性”发端于知识分子对于中国面临的历史困境的反思,是面对西方坚船利炮时的忧患意识,这种精神被夏志清归纳为“感时忧国”。李欧梵将之加以深化,指出“感时忧国”主题的三种变化,并认为“我们可以把这三种变化看作中国现代文学的特点”。其中首要的一条便是,中国现代知识精英在道德上视中国为“一个精神上病态的民族”,这种病态的原因来源于传统,由此造成了传统与现代的尖锐对立。同时,反传统的倾向也亦是出于对中国社会—政治状况的不满,进而上升为对政府不作为的厌恶,于是将文学作为载体,借此表达对于政治的不满与批判。最后,在批判的过程中,知识精英们又“流露出对自我的深切认识”,因而此批判的观念具有浓厚的主观性,现实常通过个人的认识角度而得以表现。由此也导致了其矛盾的心态:“他为希望和参与而满怀憧憬,同时却又被一种失败感和疏离感折磨得痛苦不堪。”李欧梵所描述的中国“现代性”发端的因素实则可以概括为民族意识与主体意识两个方面,资本主义国家的“现代性”肇始的原因也不外乎这两个方面,在此问题上似乎具有普适性的规则。然而,对于“现代性”内容的体认,则不尽相同。卡林内斯库在描述 19 世纪西方资本主义国家的“现代性”体验时,指出美学上的“现代性”与作为一种历史阶段的“现代性”文明之间存在着无法弥合的分裂,后者乃是科技进步、工业革命与资本主义带来的社会变化的产物,而前者则表现为对于后者的怀疑与反对,美学的现代性拒斥历史的进步性、否定资本主义价值,因而表现出先锋、颓废等各种姿态。在中国,现代性的概念“在不同的层面上继承了西方‘资产阶级’现代性的若干常见的含义:进化与进步的思想,积极地坚信历史的前进,相信科学和技术的种种益处,相信广阔的人道主义所制定的那种自由和民主的理想”。而绝少有西方的先锋派、颓废派那种美学意义的“现代性”。结合《天下》的文本来看,笔者认为其涉及的内容包括了卡氏所言美学层面的“现代性”,然而更多的文章其现代性的内涵指向的是“改革、进步、启蒙、理性”等。个中原因如前所引夏志清、李欧梵之观点,中国在当时的历史语境下,知识分子更为迫切的诉求是中国如何摆脱积弱形象,因而对于传统之反叛,对于现代文明之渴求十分强烈,尚无余力将思想的触角深入反思“现代性”这一层面。以上观点参考夏志清著,刘绍铭等译:《中国现代小说史·附录一》(新版),香港:香港中文大学出版社,2015 年,第 389—404 页;李欧梵:《现代性的追求》,北京:人民文学出版社,2010 年,173—175 页。关于中国现代知识分子的反传统倾向,更详细的论述亦可见林毓生著,穆善培译:《中国意识的危机——(转下页)

"纪事"内部对文学功利性不以为然,并且不愿参与到民族话语构建中的持异见者惟有"颓废派"诗人邵洵美。在1936年的诗歌纪事中,邵洵美大谈中国新诗所受的西方影响,"排除掉一切外国的影响,中国的新诗就会像一副没有骨头的骷髅一样,简直什么都没剩下了。即使是我们最有创见的新诗人也都有一个或更多的外国偶像作为样板"①。他认为胡适有开创之功的诗集明显受惠于勃朗宁夫人(Elizabeth Barrett Browning,1806—1861)与华兹华斯(William Wordsworth, 1770—1850),而徐志摩等一批新月派诗人更是毫不避讳地从西方汲取的诗歌灵感,同时他也提到了法国象征主义、美国意象派对于中国现代诗人的影响。借助这篇文章,邵洵美试图为新月派、现代派诸君正名,确立其在中国新诗历史上的正统地位。而他的尴尬在于《天下》基本不直接参与当时文坛权力话语的争夺,即使《天下》能够与当时的文学界正面对话,其声音恐怕难免会被更为强势的民族主义话语所淹没。事实上,在《天下》内部的对话中——单以"纪事"这一栏而言,邵洵美的声音已然是相当微弱的。

(接上页)"五四"时期激烈的反传统主义》,贵阳:贵州人民出版社,1988年。民族主义与现代性的问题则主要参考[美]本尼迪克特·安德森著,吴叡人译:《想象的共同体——民族主义的起源与散布》(增订版),上海:上海人民出版社,2011年;[加]查尔斯·泰勒著,韩震等译:《自我的根源——现代认同的形成》,南京:译林出版社,2001年;金观涛:《探索现代社会的起源》,北京:社会科学文献出版社,2010年。其中,安德森的著述主要考察的是东南亚民族国家的兴起,而非西欧资本主义国家的现代化历程,事实上,笔者在如此表述的过程中,已经表明其论述更多的是关于"现代化"而非"现代性"。"现代化"与"现代性"是共生共存的,想要清晰地辨明两者之间的界限似乎存在着一定的困难,并且在此仅仅是想表明中国在面对此问题时,知识精英的思考方式具有普适性的特点,这一观点亦可由金观涛教授的著作加以佐证。

① Zau Sinmay, "Poetry Chronicle," *T'ien Hsia Monthly*, Vol. 3, No. 3, 1936, p. 264. 译文引用邵洵美著,邵绡红译,夏照滨校:《新诗历程》,载邵询美著,陈子善编:《洵美文存》,沈阳:辽宁教育出版社,2006年,第301页。

在1937年的诗歌纪事中,邵洵美对自己观点做了些许让步,臧克家(1905—2004)和艾青(1910—1996)这两位民族主义诗人进入了他的视野。不过相比评论界对其作品民族性的强调,邵洵美将这两位诗人的代表作品《自己的写照》和《大堰河》定义在个人经验的抒发,看重的是其高扬的个人主义精神。一方面,这是对民族主义话语的反抗,另一方面也是对作家坚持个人立场的隐晦呼吁。从邵洵美两篇诗歌纪事内容的变化中,我们不难发现对于民族主义话语的拒绝变得愈发艰难,那些文学上的“唯美派”、政治上的“自由派”们要么转变立场,要么就只能选择沉默。

如果说邵洵美是以反对者的姿态进入民族主义话语的建构中,那么Wells(威尔斯)和凌岱则对文学所承担的民族构建任务投入了更大的热情。在1938年的戏剧纪事中,Wells特别提到了由欧阳予倩改编的两部现代京剧《梁红玉》和《桃花扇》,并认为,“这两部改编的现代京剧鼓舞了人们的民族意识和团结抗敌的决心”①。这两部作品确有许多相似之处,最明显的便是故事发生的时间都是在异族入侵的时刻,前者是北宋末年金人犯境,后者则是明末清初满人入关。作品的艺术水准究竟如何暂且不去评价,欧阳予倩改编这两部作品,重视的大概也并非审美因素,而是抗击异族的主题,通过历史与现实的呼应来激励人心。我们并不清楚Wells对于中国传统文学的了解程度,也不能确定他是否清楚妓女与民族主义话语相互纠

① Frank B. Wells, “Drama Chronicle,” *T'ien Hsia Monthly*, Vol. 6, No. 5, 1938, p. 476.

缠这一现象背后所折射出的文人的心态。更有可能的情况是，Wells 只是单纯地从这两个改编的文本出发，赞赏欧阳予倩对于改造传统文学形式以使其符合民族构建所做出的努力。归根结底，Wells 的呼吁终究还是文学功利性的体现，而激发民族主义显然是其中重要的一个方面。

在 1939 年的诗歌纪事中，凌岱则直接触及了诗歌“中国化”的问题。所谓的“中国化”，凌岱将其定义为：“使用旧的传统的诗歌形式以承载新的观点与理想。”①相比于受西方影响的新诗，凌岱认为以传统形式创作的诗歌更容易为大众理解和接受，因为他们对于传统的诗歌形式更为熟悉。实际上，对于大众(按:凌岱文中用的是 mass 一词)而言，无论是新诗还是以传统形式创作的诗歌，可能都超出了他们的理解范围。在 30 年代的中国，文学的潜在读者最多从学生、知识分子扩大到少数的城市工人、手工业者、小资产者和少部分家境殷实的农民，绝没有可能使得大众成为真正的读者。凌岱之所以对诗歌“中国化”运动抱以肯定的态度，更重要的原因还在于此类以浅白、押韵的文字书写而成，用于宣传抗战的诗歌更适合口口相传。新诗晦涩的风格和反叛的精神固然难以理解，传统诗歌典雅的文字与凝练的意象却也不能使得普罗大众对其产生亲近的感情。惟有最通俗的语言、最直白的意义，加以有节奏的韵律，才易于记忆，方便传播，才会使得诗歌在群众运动中成为宣言性的口号，才能使得民族主义情感在一次次的呼喊中成为激动人心的心灵力量。

① Ling Tai, “Poetry Chronicle,” *T'ien Hsia Monthly*, Vol. 9, No. 5, 1939, p. 494.

小　结

《天下》的文学观,总结下来便是重实用、重担当、重进步的乐观精神和重个人、重审美、重反思的怀疑态度。前者主要为左翼文学所继承,随着政党的沉浮而被纳入国家意识形态之中,后者则逐渐受到排挤不得已只能成为历史的"潜流"。然而,这两股思潮毕竟一度旗鼓相当,回顾其历史,也可以在"五四"时期同时找到其发轫的源头。《天下》看似因为语言的因素疏离了当时的话语论争,实际上却依然体现了时代的精神,《天下》文学观发展的模式不正是现代文学史的缩影吗?作为后来者,我们可以很容易地替邵洵美们感到可惜,在"纪事"内部,随着邵洵美的逐渐淡出,对于文学功利性的强调遂成主流,其与"翻译"之间的差异也日趋明显。现如今,我们或多或少地认为此种理论话语伤害了现代文学的健康发展,作家个人立场的丧失使其作品特质变得难以辨认,并且也妨碍了他们以更为超越的眼光关注人性、道德等更为普适性的价值。不过,现代的读者与评论者透过文本感受到的历史毕竟与现场发生的历史相去甚远,我们以史料和想象混合而成的历史时刻可能连历史的影子都不是。因而,我们不妨对当时知识分子的选择抱以同情的态度,面对进行中的历史,他们的选择余地远没有我们想象得充裕。而且,彼时的文学图景也并非一片荒芜,这一点即使从《天下》翻译的作品中亦可以窥见,更遑论众多没有被《天下》纳入视野中的作家与作品。

第四章 国族形象的呈现：文学翻译与自我言说

19世纪中后期起，中国的知识精英开始有意识地面向他者进行自我言说，并试图展现一个文明、进步、富强之中国形象，从而在数千年未有的大变局下，完成经济、政治、文化等多方面的心理重建，《天下》的创办亦是其中典型之一。作为一份意在“文化输出”的杂志，《天下》所希望实现的终极目的便是向世人展现一个进步中的文明中国，一个能够屹立世界民族之林而不相形见绌的国族形象。在此过程中，他们不得不面对他者眼中的中国形象，并与之进行对话。然而，在漫长的历史进程中，西人眼中的中国形象并不是一成不变的，大体上，它经历了一个由褒到贬的过程，直到二战开始时方才有所回升。因此，在构建中国形象时，《天下》一方面要回应西方历史语境中的中国形象，另一方面也要与同时代的西方话语进行对话，对话对象的不同常常造成言说方式的差异。此外,文明与现代,虽然人人渴求,所谓何物却是言人人殊,其中透露的是立场的差异和标准的不同。最后,《天下》涉足此问题的特殊之处在于“翻译”,不同于直抒胸臆的“议论”“翻译”——尤其是文学作品的翻译——一方面能够隐晦地显示出译者和编者的文化企图,另一方面跨语际语意转换过程中,由于主客观两方面的原因,文本内涵不可避免会出现脱衍或产生歧义,从而导致意图与结果之偏差。

他者视野下的中国形象

在后现代的知识体系中,他者的形象通常被视作一种话语表述,是自我文化构建过程中的一个环节,真实与否并不重要。正如萨义德(Edward Said, 1935—2003)在那本广为人知的《东方学》中所说的:“如果不将东方学视为一种话语来考察的话,我们就不可能很好地理解这一具有庞大体系的学科,而在后启蒙(post-Enlightenment)时期,欧洲文化正是通过这一学科以政治的、社会科学的、军事的、意识形态的、科学的以及想象的方式来处理——甚至创造——东方的。”[①]萨义德所言的东方学更多地指向传统意义上的中东或近东,然而这种概括同样适用于西方对于中国的言说与想象。

① [美]爱德华·W.萨义德著,王宇根译:《东方学》,北京:生活·读书·新知三联书店,2007年,第4—5页。

大约在1250年前后,西方人开始有意识地描绘中国形象,在此后的很长一段时期内,这个形象都是正面乃至高尚的。西方人钦慕中国古老的历史、悠久的文化、开明的君主制度,将中国视为一个乌托邦式的存在。然而,伴随着启蒙时代的到来,西方人对于中国形象的认同一落千丈。大约在1750年以后,西方人开始倾向于将中国表述成"停滞的中华帝国""专制的中华帝国""野蛮的中华帝国"。对于这巨大的转折,周宁认为其包含了"转变"和"转移"两方面的意义,"'转变'是中国形象从现代社会乌托邦期望转入意识形态视野,成为西方现代意识形态所否定与排斥的'他者';'转移'是乌托邦化的中国形象从社会现代性期望转入审美现代性期望中"①。至于这种变化的原因,在于"现代精神确立了,不再需要自我否定自我超越的乌托邦,而需要自我肯定自我巩固的意识形态'他者'"。② 换言之,西方由于自身的发展,将中国从仰慕的对象降格为落后的"他者",用这一形象巩固、加强对于自我文化和制度的认同,原先美好的中国形象被纳入审美范畴,演化成为某种"异国情调"式的文化调味剂。

这种笼统的印象经过反复言说,逐渐变成一种根深蒂固的偏见,直到晚清乃至民国,一直占据着西方人想象的中心。在此过程中,中国受制于自大、封闭的文化心态,过分傲慢以至不屑与西方对话,当军事上受制于西方后,又本着功利的心态,试图学习西方的技术与制度,因而也无暇顾及对自我文化进行言

① 周宁:《天朝遥远——西方的中国形象研究》,北京:北京大学出版社,2006年,前言,第7页。

② 同上。

说。然而这并不意味着中国知识分子对西方的声音始终处于失聪状态。晚清传教士明恩溥(Arthur H. Smith)所著《中国人的气质》(*Chinese Characteristics*)一书,便曾引起中国知识分子极大的关注。

《中国人的气质》,顾名思义,主要是对于中国国民性的观察。明恩溥作为一个在华生活多年的传教士,对中国有着极深的感情。在他看来,中国人有许多弱点,比如好面子、不守时、轻视外人、缺乏公德心、缺乏同情心、不讲信用等等,而要改良中国人的精神,就非得依靠基督教的力量不可。此书的内容最初发表在《字林西报》上,1890 年首次结集出版,不到两年又出修订本,并在伦敦、纽约等多地发行,1896 年,东京博文馆出版了澁江保翻译的日文版。[①] 伴随着晚清中国知识分子主体性的自觉,此书成了他们思考国民性问题时重要的对话对象。1901 年,梁启超从该书日文版节译了部分内容,分 3 期连载于《清议报》,随后又陆续发表《积弱溯源论》《十种德性相反相成义》等多篇相关文章,讨论、申说自己对于国民性问题的看法。[②]

1903 年,《中国人的气质》中文版由上海作新出版社正式出版,然而国内知识界对此版本并不熟悉,同年马君武(1881—1940)在《新民丛报》的《中国人无公共心》《论赋税》等文章中提到明恩溥的著作时,都直接使用英文书名而不加翻译,字里行间透露的意思显示他不曾见过中文版。[③] 一直到 30 年代中

① 《中国人的气质》发行、翻译之状况见黄兴涛:《美国传教士明恩溥及其〈中国人的气质〉——一部“他者”之书的传播史与清末民国的“民族性改造”话语》,载[美]明恩溥著,佚名译,黄兴涛校:《中国人的气质》,北京:中华书局,2006 年,第 3 页。

② 以上文章、译文主要集中发表在《清议报》1901 年第 71—84 期上。

③ 君武:《中国人无公共心》,《新民丛报》1903 年第 27 期,第 91—92 页。

期，鲁迅在文章中提到明恩溥和他的著作时，仍“至今还在希望有人翻出斯密斯的《中国人的气质》来”[①]，可见他并不知道中文版的存在。尽管中译本流通不广，但清末民初的知识分子多通英语或日语，此书对他们的影响并不因此减弱，除梁启超外，从马君武到鲁迅，他们大体上也都认可明恩溥的批评，并循此视角展开自己的国民性批判。鲁迅便认为，看了类似批评中国人的著作，应当“自省，分析，明白那几点说的对，变革，挣扎，自做功夫，却不求别人的原谅和称赞，来证明究竟怎样的是中国人”[②]。

然而，在30年代中期的语境中，鲁迅的意见已不是知识界主流，中国知识分子对待他者笔下国民性话语的态度早已由接受、反思变为排斥、反驳。相应的变化可以追溯到20年代中期，1926年，时任《字林西报》驻京记者的甘露德（Rodney Gilbert，1889—1968）出版了《中国之病》（*What's Wrong with China*）一书，立刻在中国知识界引起了巨大争议。此书的主题与《中国人的气质》相仿，对中国知识分子而言，都属于他者笔下的国民性批判一类。不过，与明恩溥对中国的同情态度截然不同，甘露德被称为在华西人中的“死硬派”，他竭力维护在华西人特权，仇视中国民族主义运动。[③] 因此，同样是批评中国人之国民性，明恩溥是抱着改良的希望，甘露德则只有居高

① 鲁迅：《“立此存照”三》，《鲁迅全集》第六卷，北京：人民文学出版社，2005年，第649页。明恩溥是Smith的中文名，鲁迅并不知，所以称“斯密斯”，直接从Smith音译出来。

② 同上。

③ 魏书歌著，魏书歌、李松蕾、龙伟译：《战场之外：租界英文报刊与中国的国际宣传（1928—1941）》，北京：社会科学文献出版社，2020年，第41页。

临下的鄙视,他声称中国人是“劣等民族”。[①] 这种态度引起了中国知识分子的强烈不满,态度温和者撰文反驳他的观点,立场激烈者则直接向政府提议将其驱逐出国。[②] 从明恩溥到甘露德,中国知识分子的态度变化深刻地反映了从晚清到民国,不同国家形态下知识分子自我认知的变化。在追求“现代”、迈向“富强”的过程中,中国知识分子亟待抛弃旧中国的国民形象,以文明进步的全新姿态迈入世界民族之林。

与之相对应的是,自 20 年代中后期到 40 年代初,在长期的贬抑性叙述之外,西方话语曾短暂出现了对中国形象的正面描述。哈罗德·伊罗生(Harold R. Isaacs,1910—1986)将这一形象总结为“崛起的英雄”,他指出,中国作为反法西斯战争的同盟国,以一己之力对抗日本,因而在美国“漫画家们把中国描绘成面对着弱小的日本进攻者的慢慢苏醒着的巨人”[③]。同时,由于赛珍珠(Pearl Buck)《大地》(*The Good Earth*)造成的影响,[④]美国人渐渐抛弃了以往对于中国农民的偏见,开始以正面的眼光看待他们,欣赏并钦佩他们的坚强和善良。周宁则从思想史角度分析了这一转变的根源,他认为“第一次世界大战摧毁了启蒙运动以来形成的现代资本主义意识形态的自信,

① Rodney Gilbert, *What's Wrong with China*, London, J. Murray, 1926, p. 199.

② 中国知识界对待甘露德著作的态度可参考李珊:《论“死硬派”记者甘露德〈中国之病〉及其反响》,《史学月刊》2021 年第 11 期,第 66—80 页。

③ [美]哈罗德·伊罗生著,于殿利、陆日宇译:《美国的中国形象》,北京:中华书局,2006 年,第 173 页。

④ 据伊罗生统计,《大地》在美国的销售量超过 200 万册。1937 年,小说被改编成电影,美国的观看人数约有 2 300 万人次,而在全球范围内,这一数字更是达到惊人的 4 200 万人次。相比之下,林语堂的《吾国与吾民》境况就惨淡很多,销量仅仅有 8 万册之多。

自省与批判的精神开始重新塑造乌托邦的中国形象,首先是知识精英圈子的'遐想',到三四十年代,这种'遐想'在赛珍珠的小说与电影中找到了大众表达方式……西方人感觉到中国人不仅是与他们同样的人,具有相同的人性,还具有西方文化价值推崇的某些高贵品质"①。回到《天下》发行之时的语境,不难看出,杂志一方面要回应长时段内他者话语中负面的、落后的中国形象,另一方面又要参与进行时中"崛起的英雄"形象建构,这些潜在的对话者构成了《天下》自我言说的参照系,进而影响了杂志翻译、评介中国现代文学文本的选择。

在《天下》之前,中国现代文学的外译可谓寥寥无几。之所以强调现代文学,因其直接参与了进行中的历史,具有不可代替的在场意义,而古典文学的翻译虽多,在西方人眼中却多止于审美层面的赏玩,充其量只是异国情调的体现,无法直接影响他们在意识形态领域内对于中国形象的言说,不具有对话的意义。据前人考证,在《天下》创刊之前,敬隐渔曾用法语翻译过鲁迅的《阿Q正传》,发表于1926年5月号和6月号的《欧洲》杂志上。徐仲年则在1933年出版的《中国诗文选》中发表了《孔乙己》的法语译本,又在1934年1月21日的法语报纸《上海日报》上发表过《肥皂》的译本。汪德耀翻译的法语版《从军日记》于1930年在巴黎出版,戴望舒亦曾有少量译作发表于30年代法国的期刊上。而在英语世界,现代文学的翻译工作大多由外国人士完成,其中包括埃德加·斯诺(Edgar Snow)的《活的中国:现代中国短篇小说选》(*Living China: Modern*

① 周宁:《天朝遥远——西方的中国形象研究》,第371页。

Chinese Short Stories),密尔斯(E. Mills)编译的《阿桂的悲剧及其他现代中国短篇小说》(*The Tragedy of Ah Qui and Other Modern Chinese Stories*),这两本作品选都出版于1936年。同年,又有哈罗德·阿克顿、陈世骧合译的《中国现代诗选》在伦敦出版,而其中的7首译诗乃是最先在《天下》发表,之后才结集出版。此外,还有伊罗生编译的《草鞋脚:1918—1933中国短篇小说选》(*Straw Sandals: Chinese Short Stories, 1918 –1933*),成书于1934年,鲁迅曾做小引,然而迟至1974年方由美国麻省理工学院出版社出版。[①] 至于其他语种的译作则难觅踪影。在这一背景下,《天下》对于中国现代文学的翻译显得尤为难能可贵,通过这些译作,《天下》不仅向西方直观地展示了中国现代文学的总体水平,更试图通过这些译作,向西方展现一个不同以往的中国形象,在他者话语的夹缝中,建构起自身的主体性。

自我言说及其期待

翻译这一行为,显然不止于技术层面的语意转换,更包含了文化层面的自我认知。因而,《天下》对于中国现代文学文本的选择、翻译的方式、评价的立场,无一不是中国主体形象建构中至关重要的环节。当然,作为一份同人刊物,编辑的人脉和

① 关于现代文学的翻译情况,详见马祖毅、任荣珍:《汉籍外译史》,武汉:湖北教育出版社,2003年。

社会关系对杂志造成的影响亦不容忽视。受惠于温源宁在北大英语系的经历,《天下》才得以有机会率先刊登阿克顿与陈世骧合译的新诗,而他与陈源的交情,外加吴经熊与徐志摩的同乡之谊,又使得《天下》特别受到"京派"作家、"新月派"诗人的支持。[①] 同时,杂志隐约的官方色彩也会让编辑在选择文学文本时,不得不顾虑作家的政治立场,郁达夫、郭沫若等人作品很可能就因此缺席。除了以上因素影响,《天下》对于中国现代文学译介主要考虑两个方面的内容:其一是回应长期以来西方话语对中国缺乏现代精神的质疑,建构文明进步的现代中国形象;其二是呼应当下语境中"崛起的英雄"之现代中国,展现中国民众在抗战过程中的精神面貌。根据以上标准,《天下》的译作大致可以分为两类,沈从文、凌叔华、冰心、萧红、杨振生等人的作品体现了中国作家对现代性问题的关注,而老舍、吴岩、姚雪垠、谢文炳、姚莘农等人的作品则描绘了抗战背景下的民族形象。在前一类作品中,又以沈从文和凌叔华、冰心、萧红等女性作家最具代表性,他们分别回应了现代性话语中不同的两个面向。

以沈从文而言,他从"乡村"立场展开的现代性反思早已为众多学者所论及。苏雪林就曾指出,沈从文的创作,"就是想借文字的力量,把野蛮人的血液注射到老态龙钟颓废腐败的中华民族身体里去使他兴奋起来,年轻起来,好在 20 世纪舞台上与

① 有学者曾提及,凌叔华丈夫陈源也担任过《天下》的编辑工作,可惜并没有给出材料说明,陈源也未见诸《天下》的编辑名单。笔者认为,这倒是从一个侧面暗示了《天下》编辑所掌握的人脉。(参见[美]帕特丽卡·劳伦斯著,万江波、韦晓保、陈容枝译:《丽莉·布瑞斯珂的中国眼睛》,上海:上海书店出版社,2008 年,第 146 页。)

别个民族争夺生存权利”①。苏雪林以国民性问题为切入点解读沈从文的小说,不经意间指出了沈从文“乡村”立场背后的真意。沈从文追慕的既非传统的道德价值规范,也不是现代的科学理性,而是一种原始的、野蛮的、充满力量与生气的生存状态。在他看来,这种状态下的人性才是美好并且值得保存的。而现代性在物质层面导致的城市化,则向来是沈从文批评的重点,与城市相伴的总是虚伪、软弱、堕落等等。沈从文作为现代性的亲历者,身处中心却发出了边缘的声音,他对于现代性的反思在当时是颇为独特的。杨联芬认为“沈从文对待人性秉持的尺度,不是现代的(即以人道主义为核心的批判精神),也不是传统的正统(以仁、礼等儒家伦理规范的善),而是‘自然’……”②。《天下》所刊登的《边城》与《萧萧》正是这一类作品的典范。这两部作品的背景都是湘西,故事的主人公又都是女性。不同的是,翠翠最终没能够得到理想的爱情,而萧萧的故事按照“现代”“文明”的标准判断,大概不能算爱情,顶多是荒蛮地区一个男性对于一个女性身体的占有。在《边城》中,沈

---

① 苏雪林:《沈从文论》,载茅盾等:《作家论》,北京:人民文学出版社,1984 年,第 160 页。

② 沈从文对现代性的反思固然有独特之处,却也表现出被现代话语裹挟的后起国家知识分子的某些共性,这种共性源于外来思想与本土生活方式、情感体验间的冲突。与此同时,他们还不得不处理另外一个悖论,即接受现代性话语的同时,反击西欧国家的帝国主义侵略。此种情境不禁让人想到竹内好和他著名的《近代的超克》,书中竹内好援引 40 年代日本学者的论述,敏锐地指出日本知识分子“超克”意图的缘起,在于“西欧知性”和“日本人的血”之间的“相克”,由此引发知识界“知性的战栗”,进而试图通过诉诸战争的方式解决这一困境。至于为何同样困境下,中日知识分子选择了不同的解决方案,无疑是值得深入探讨的问题。(参见杨联芬:《沈从文的反“现代性”》,《中国现代文学研究丛刊》2003 年第 2 期,第 133—150 页;[日]竹内好著,孙歌编,李冬木、赵京华、孙歌译:《近代的超克》,北京:生活 · 读书 · 新知三联书店,2016 年,第 380—381 页。)

从文借助一个诗意、纯洁如白塔般毫无杂色的世界,表达了他心目中的理想图景,《萧萧》却显示了这幅图景中"阴暗"的一面。相比之下,后者对于现代文明提出了更大的挑战,萧萧脸上的笑隐隐带着对现代人、文明人的嘲讽。同样是乡土的主题,卞之琳的新诗《还乡》则没有让读者面对同样的道德难题。卞之琳将抒情主人公置于行进的火车上,通过意识流般意象的跳跃,沟通了过去与现在,同时借由空间的变化,表达了现代人的流离与漂泊。科学的进步与童年的时光并置在诗歌的文字中,传达的依然是乡愁一类的情绪,只是这乡愁已不是传统文学中对故乡的思念与渴望,而是现代人对故乡一去不返的惆怅与召唤。仅仅通过《天下》所译文本的比较性的阅读,沈从文的独特之处便已相当明显,他的作品不仅是灵动、隽永的文字,更是对于"五四"以来流行的、进步的、科学的现代性话语的反思。[①] 无论《天下》的编辑出于何种考虑选登其作品,在传播效果方面,这种做法都向西方展示了中国现代文学在精神层面与西方现代主义作家的共通之处,拓宽了中国现代文学的表现维度,丰富了中国现代文学在西方的形象。

此外,凌叔华、冰心、萧红等女性作家的作品在《天下》的译作中也占了相当的比例,可谓令人瞩目。女性问题自"五四"以

---

① 史书美认为"沈从文在严格的意义上却是一个很少关心形式革新的地域性作家,因此他不容易被归入本书所关注的现代主义框架。……他的许多作品更适合放在现实主义的类目里"。这是从文学形式上划定现代主义的准入标准,然而,在对现代精神的敏感性方面,沈从文远远超前于很多刻意追求现代主义表现形式的作家。正如史书美对新传统主义者(她认为京派在文化立场上大致与新传统主义接近)的评价,"他们与西方现代性的合作又必然是带着批判意味的",在形式上不很现代的沈从文或许也当得起这个评价。(参见[美]史书美著,何恬译:《现代的诱惑——书写半殖民地中国的现代主义(1917—1937)》,南京:江苏人民出版社,2007 年,第 180、213 页。)

来便是知识分子最为关心的话题之一,对待女性的态度实则已成为衡量一个社会是否文明、进步的重要评判标准。因而考察《天下》所载的女性作家的作品,就不能不考虑到女性问题在现代中国扮演的重要角色。这些以女性为叙事主体的作品,表达的已不是20年代流行的革命加恋爱主题,也不涉及娜拉走后应当如何的思考,反而将视角回归日常生活,揭示女性在日常生活中的种种生存状态。

以萧红的《手》为例,小说讲述了一个来自染坊的农村少女在城市中求学的故事。染衣匠的女儿王亚明被父亲送去城市上学,期待她学成毕业后回到家中能够成为弟弟妹妹的家庭教师。在经济层面,这是一种划算而有效率的安排,也反映出王亚明之所以有机会接受现代教育,初衷并不是为了实现她的个人发展。染坊的工作令王亚明的手变得乌黑,因为这一点她受尽老师和同学的嘲笑与排挤,最后因为学业跟不上,只得辍学回家。小说中,手显然不是单纯的身体器官,它是一个象征,不同颜色、不同质感的手代表了城市与农村的隔阂,直观地呈现出农村少女在进入现代社会时所要面临的困难与挑战。作为一个没有受过教育的农村少女,王亚明温柔、善良、真诚、坚忍,然而这些特质不足以帮助她克服现代社会的阶级差异,朴素的情感在冰冷的成见下显得一文不值。与此同时,王亚明身为女性的主体意识并未觉醒,这个淳朴的农村少女无力反思为何现代社会要将手的颜色与女性的价值相关联,更没有力量对抗这种成见,而随着她辍学回家,原本可能促成她觉醒的最后希望也随之破灭。萧红的小说,展现了农村女性在融入现代社会过程中将要遇到的巨大悖论,一方面教育是培养成见和不公的温床，是阶级差异的展览会场，会对朴素的情感和人性造成深刻的伤害，另一方面教育又是女性主体意识觉醒的唯一途径。

相比萧红，长期浸染在知识分子群体间的凌叔华与冰心则为我们展示了知识女性在现代生活中如何确认自身主体性的巨大困境。史书美认为凌叔华在《疯了的诗人》中通过“讽刺性的模仿和对女性抒情诗体的建构性表达……微妙地批判了为男性诗人所欣赏的传统抒情诗体”①。故事中的诗人觉生只能通过传统文化欣赏自然，而他的妻子双成则可以直观地与自然进行沟通。觉生所依赖的传统无疑是男性诗人构建的产物，而最终他在妻子的影响下，抛弃了对于传统文化结构的依赖，采取了直觉的方式达成了对于日常生活中诗性的体验，因而成了“疯了的诗人”。这种颠覆性的创作显得既大胆又隐晦，对男性传统价值体系的批判依然需要借助其本身的力量，由此可见，女性在挑战这一传统时所面对的巨大压力。一定程度上，冰心的《第一次宴会》也采取了类似的叙事策略。在这篇大量运用个人经验的小说中，冰心塑造了一个传统观念中“贤妻”的形象。她离开了病重的母亲，随新婚的丈夫来到北平，匆忙之中既要布置新居，又要准备晚宴招待丈夫的朋友，通过巧妙的安排和努力，最终新居的布置和宴会都受到了客人一致好评。小说中的妻子是受过现代教育的知识女性，可即便如此，她依然只能在传统的价值判断标准中找到自身存在的意义，妻子的形象越是贤惠，作为女性的主体便越显得模糊。在这个意义上，

---

① ［美］史书美：《现代的诱惑——书写半殖民地中国的现代主义（1917—1937）》，第255页。

文本呈现出极强的反讽意味,与其说它是对妻子的赞美,毋宁说是借着这个形象表达了对存在于社会深层结构中的男性权力的嘲讽与不满。

凌叔华的另外两篇小说《写信》和《无聊》同样描写了知识女性日常生活中的琐碎状态。无论是《写信》中的伍小姐还是《无聊》中的如璧,现代教育都没有赋予其超越传统家庭妇女生活方式的力量。伍小姐只能将其知识用于帮助不识字的张太太写信,在本质上,她和张太太的生活状态并没有差别。在琐碎的家长里短式的对话中,伍小姐实际上遵守的也是父权制度下规定的行为标准,她的生活基本上是凝固的一团死寂。如璧同样不能突破这种困局,虽然在小说描写中,她的生活场景不止于家庭内部,可是她在家庭以外的活动并不具有独立性与社会性,只是家庭生活的一种延伸。她的处境与伍小姐无异,对她们行为、价值的判断标准也如出一辙,而在这种标准下,知识女性的作用可能不及家里的经验丰富的女性仆从。伍小姐和如璧虽然是受过教育的新女性,但在传统价值体系中,在固有的生活场景下,她们的才华无从施展,她们的灵魂只能日渐枯萎。通过对于传统大家闺秀形象的戏仿,凌叔华向读者展示了女性在现代社会中遭遇的压制,此种力量之强大,已足以吸收、异化能够威胁它的反叛性元素——现代教育。20 世纪以来,西方女权运动日益兴盛,伴随着女性主体意识的觉醒,她们不再是被动的言说对象,而试图通过自身的创作寻求自身独立的价值。在这个大背景下,《天下》对于女性作家的关注十分符合历史潮流的走向。通过对这几位颇有代表性的现代女性作家作品的翻译,《天下》向西方展示了中国女性知识分子对于自身形象、地位、价值的思考与追问,具有十足的“现代”意义。

如果说沈从文和萧红、凌叔华、冰心等人的作品体现了中国作家对现代性的思考,那么老舍、姚雪垠等人的小说则展现了进行时中的中国社会之日常。其中,《且说屋里》《匹夫》《离去》关注的都是战争对于家庭生活的深刻影响。《且说屋里》中的包善卿是一个汉奸,在日本控制下的北京政坛努力钻营,并为此自喜。他最宠爱的大女儿却是激进的民族主义者,在一次以他为目标的游行中,包善卿赫然发现带头的竟是自己的大女儿。那一刻,包善卿信奉的价值观与生活准则瞬间崩塌,他本以为只要满足女儿对于车、衣裳、钱的物质需要,便可以将生活定义为幸福与体面。可是在女儿的眼中,民族大义是高于一切的存在,任何物质方面的满足都无法填补民族自尊心受挫带来的伤害。包善卿之流亟待思考的是如何应对民族主义话语对日常生活准则和价值观的冲击,而《匹夫》里的佘子国和《离去》中的王慧珠则要在此情境下做出生与死的抉择,如果任由民族主义情感支配,坚决投入抗战之中,不仅意味着物质层面的匮乏,更面临着生存权利的丧失,此种情境下弱小的个体应当何去何从?假如生存得不到保证,抗战的基础又何以确立?这些作品将宏大的抗日主题置于普通人的日常生活之中,在一片战斗、牺牲的高涨情绪下,关注战争与平常家庭、个体之间的关系。不管在任何文化语境下,家庭都是社会生活最基本的组成部分,在中国,这一观念或许更为根深蒂固。因而,当家庭与抗战相冲突时,选择就变得愈发艰难。民族主义激情刺激着个体为民族存亡投入战斗,家庭的牵绊却使他们不得不思考牺牲的意义,在个体的矛盾与挣扎中,民族主义话语有效性的边界遭到反复追问。

姚雪垠的《差半车麦秸》则脱离了“家庭”的语境,讲述了一个外号“差半车麦秸”的农民加入游击队,一步步克服自身弱点,最终成长为出色游击队员的故事。从题材选择、人物塑造,到小说解构、语言风格,《差半车麦秸》的翻译称得上《天下》与民族主义话语、抗战文艺最紧密的一次合作。主人公在民族大义的熏陶下,克服自身弱点,由一个善良、淳朴、憨厚但又无知、自私的农民,蜕化为一个果敢、无畏、顾全大局的游击队员,“差半车麦秸”的成长经历活生生构成了一个现代民族主义神话。在这个意义上,抗战不仅具有民族解放、国家独立的历史意义,更拥有改造人性、再造国民的神奇功效。因此,在老舍等人的小说中,个体与国家民族之间如何抉择的难题被顺利克服,个体的成长、改造与国家的独立、民族的新生画上了等号。“差半车麦秸”的牺牲意味着个体的习惯、情感、记忆终将成为国家民族历史洪流中不为人知的一个片段,而个人的主体性也只有在更宏大的话语模式中才能被确认。这使得《差半车麦秸》这篇小说在《天下》选译的作品中显得独树一帜,或许杂志的编辑以为,这是回应西方语境中正在形成的“崛起的英雄”之中国形象最好的方式。

通过选译以上作家作品,《天下》试图向西方展示一个文明、理性、积极进取的中国形象。然而,杂志的编辑和译者们或许都没有意识到,他们对现代中国的认知与想象,很大程度上是西方中心主义的产物。更吊诡的情形是,如果不接受西方的文化霸权,中国知识分子可能连与之对话的资格都不具备,因此,当代人大可不必将历史的后见之明当成自己的洞见,对一个世纪前中国知识分子的努力过分苛责。围绕在《天下》周围的这群学贯中西的知识分子,所要求的无非是一个现代、富强、民主的中国,这一初衷是不应当被任何批评话语抹杀的。可惜的是,他们在利用翻译这一手段展示中国的文化景观时,恰恰忽略了这一手段可能具有的反噬作用:"中国"的形象在经过翻译以后,是否依然如在中文语境下一般丰富?地方性经验在跨语际文化实践中又能否保持鲜活?这都是值得进一步探讨的问题。

翻译与现代中国的生成及消散

按照詹明信(Fredric Jameson)的说法,第三世界的文本大都可以归入"国族寓言"的行列,尤其那些以脱胎于西方形式写就的文本,譬如小说。[①] 照此说法,《天下》选译的中国现代作家作品理所当然地属于民族形象建构的一环,它们不仅勾勒出了中国知识分子对现代中国的认知和想象,也表明了他们试图融入西方主导的现代化进程的决心。然而,在跨语际文化交流中,文本无法透明地呈现,而必须经过"翻译"的过滤。无论是技术层面的限制,还是人为的筛选,文本在转化成他者语言过程中,不可避免地会有意义脱衍的情况发生,进而造成误读,导致译作与原作形成截然不同的表达效果,甚至最终违背译者的

① [美]弗雷德里克·杰姆逊著,张京媛译:《处于跨国资本主义时代中的第三世界文学》,《当代电影》1989 年第 6 期,第 45—57 页。

初衷。《天下》所载中国现代文学的翻译便有此种情况发生,而总结下来,"翻译"的过滤方式又主要表现为以下几个方面。

第一,是"去地方化"。以《差半车麦秸》为例,在这篇小说中,作者大量地使用北方方言、俗语,具有十分明显的地域文化特点,而这些特点在译文中被大大地弱化了。以小说中的称谓为例,原文中,对于妻子的称呼前后有"屋里人""小狗子他娘"等,在译文中则一律翻译成"my woman"。虽然"my woman"本身并非书面化的表达,仍保留了一定的口语特征,但仍不足以体现原作用语的乡土气息和地方性经验。能够阅读原文的读者,仅凭这些称谓,一眼就能够辨认人物的生活背景、社会阶层。而在译文中,这些能够凸显人物地方性特质的元素显然遭到了削弱。通过译文,读者已经很难辨别出人物的地方性特点,换言之,同样的故事如果置于江南、西北、湘西等中国其他地区的背景下,同样能够成立。因此,原作中地方性明显的农民形象就被泛化成中国农民的普遍形象,而原文中描写的发生在中国北方的游击战争也因此变得更具全民性。如此翻译无疑减小了作品的接受难度,更有助于在他者语境下的传播,并且无形中使得小说纳入全民抗战的话语之中,引导西方读者以特定的角度想象中国的民族形象。概言之,这便是将整个中国纳入民族主义的话语模式中,通过对抗战的描写,宣扬其中的牺牲精神,并尽量减少可能引起误读的作家个人风格。

第二,是"去粗俗化"。同样以姚雪垠的作品为例,在原文中数次出现"差半车麦秸"擤鼻涕的细节描写,而在译文中,读者很难找到对应的内容。小说的开头,叙事者在讲述"差半车麦秸"这一绰号的使用场合时说道:"当着别人的面前猛不防打个喷嚏，鼻涕从鼻孔窜出来，你随手把鼻涕抹在袖子上，或擤下来抹在鞋底上，别人就会向你取笑道：'差半车麦秸！'"[①]译文则简单处理成"Or, if someone sneezed over the men unexpectedly they would yell out derisively: 'Ai, you Chabancheh Makai!'"[②]。那些擤鼻涕的细节，被译者认为描写过于粗俗而舍去了。原文另有一段，与上述文字呼应，再次交代这一绰号的来源和用法，在译文中，这段文字同样没有译出。译者或许认为"鼻涕从鼻孔窜出来"，然后"抹在袖子上""抹在鞋底"这些动作，都是不文明、不卫生的习惯，不应当进入文学描写中，尤其不应当进入面向西方读者的文学描写中。类似的漏译还有不少，"眼角上的白色排泄物""他妈的"之类不甚文明的描写和用语都入不了译者法眼，如果说将"屋里人""小狗子他娘"翻译成"my woman"多少受到语言的客观因素限制，那么漏译、不译擤鼻涕等动作描写的翻译策略显然是有意为之的结果。这一翻译策略极大地影响了小说的文体效果，原文措辞用语尽管粗俗，却鲜活有力，将"差半车麦秸"这一北方农民形象刻画得栩栩如生。译文用语规范，行文流畅直白，却缺乏特色，流于平淡乃至苍白。除此以外，刻意回避作品中粗俗的用语，也可视作中国知识分子在面对西方读者时信心不足的表现。现代卫生学、现代医学是中国知识分子与现代性遭遇的最早领域之一，也是国民性批判的一个重要课题，小说原文中人物的种种表现显然不符合现代卫生学和医学倡导的理念，属于落后、不文明的范畴，因而被认

---

① 姚雪垠：《差半车麦秸》，《文艺阵地》1938 年第 1 卷第 3 期，第 65 页。

② Yao Hsueh-yin, "Chabancheh Makai," Translated by Cicio Mar(马耳) and Jack Chen(陈依范), *T'ien Hsia Monthly*, Vol. 7, No. 5, 1938, p. 496.

为不利于现代中国形象的输出,最终被剔除出了面向西方的文学文本中。

第三,是“去熟语化”。所谓“熟语”,指的是常用的固定短语,成语、谚语、歇后语、惯用语等都包含在内,可谓一种语言当中最凝练、意义最丰富的词汇。凌叔华在她的小说中,习惯于使用各种“熟语”,然而经过翻译以后,这些“熟语”通常会被简化或改写。譬如,在《写信》中,“金枝玉叶”成了“quite a lady”,“残花败柳”则被翻译成“grown up people”,“老来俏”更是变成了“[she certainly] improves with age”,“小孩子是一枝花”仅仅是“children ought to look nice”,不仅原文“熟语”感情色彩没有得到传达,就连语意都翻译得不尽正确。造成这种情况的原因有主客观两个方面,在客观层面上,“熟语”本就是最难翻译的词汇,它们的意义过于凝练,如果不置于原本的文化结构中,就很难被透彻地理解,很多微妙之处只可意会不可言传,因此,在另一个文化结构中寻找到完美的对应说法的可能性就很小。在主观层面上,译者在翻译过程中,也没有尽力保留原文“熟语”意义的意愿。《天下》所刊凌叔华的三篇小说中,《无聊》和《疯了的诗人》是作者本人和朱利安·贝尔(Julian Bell,1908—1937)合作的产物,而《写信》则由凌叔华独自署名。有论者指出朱利安·贝尔也参与了《写信》的翻译,[①]不过她并没有提供此种说法的具体出处,因此我们仍以《天下》上面的署名为准。而从翻译的方式来看,《写信》与另外两篇作品并没有明显的差异。

---

① [美]帕特丽卡·劳伦斯:《丽莉·布瑞斯珂的中国眼睛》,第143页。

在这些东西方译者合作完成的译作中，译者的"权力"并不是平等的，绝大多数情况下，占据主导地位的都是来自强势文化一方的译者，在凌叔华和朱利安·贝尔的合作中，后者无疑是话语权更大的那个人。在贝尔看来，凌叔华原作中"这些特定的隐喻和熟语难以翻译，或者太'冗长'、太'诗意'，或者流露出他所不欣赏的中国学生作文中的感伤气质"①。作为布里姆斯伯里成员的后代，贝尔的文学品味很显然受到英国现代主义文学思潮的影响，而现代主义尤其排斥小说中的"感伤""煽情"(Sentimental)元素，认为这是一种等而下之的文学表现方式，不应当出现在严肃文学中。② 出于这种考虑，贝尔力主改写或删除了凌叔华原作中使用的"熟语"，以使她的小说显得更加"严肃"，同时也更容易被西方读者接受与理解。关于凌叔华小说中的"熟语"，不同学者评价不一，史书美认为这是凌叔华反讽性叙事的组成部分，③而劳伦斯更倾向于认为凌叔华这么做是在呼应传统中国文化，是其文体丰富性的一种表现。④ 实际上，两者的差异可能只是视角的区别，前者讨论的是叙事效果，后者关注的则是创作意图。从跨语际文化交流的视角观察，无论是反讽性的叙事效果，还是对传统中国文化的呼应，在翻译过程中，由于文化语境的转换，想要留存下来都是相当困难的。贝尔主导的"去熟语化"的翻译策略则更进一步降低了这种可

① [美]帕特丽卡·劳伦斯：《丽莉·布瑞斯珂的中国眼睛》，第143页。

② 龚敏律：《朱利安·贝尔在华文学活动与中国现代文学》，《中国现代文学研究丛刊》2014年第7期，第116页。

③ [美]史书美：《现代的诱惑——书写半殖民地中国的现代主义(1917—1937)》，第255页。

④ [美]帕特丽卡·劳伦斯：《丽莉·布瑞斯珂的中国眼睛》，第143页。

能性,并且将凌叔华原文中的异质性元素消解殆尽。

30年代中期,贝尔与凌叔华之间曾有过一段亲密关系,受贝尔的影响,凌叔华对于如何面对潜在的西方读者形成了一定的文化自觉。贝尔去世后,凌叔华在与他姨母弗吉尼亚·伍尔夫的通信中表示,她试图面向西方读者,讲一些让他们感兴趣的故事,[①]而并非像伍尔夫建议的那样,保留更多的"中国味道"。[②] 跨语际文化交流中,强弱势文化的区别即由此显现,当凌叔华的作品经过翻译进入西方读者视野之时,它们必须经过一番改造才能符合西方读者的期待,进而赢得他们的认同。遗憾的是这种期待反应常常是想象的产物,西方读者是否真的需要这种消除了异质性的翻译文本,至少伍尔夫就不这么认为。相反,恰恰是"中国味道"更可能对西方固有的文化结构造成冲击,刺激它自我更新,创造出不同以往的艺术作品和哲学思想。关于翻译策略,究竟是选择更贴近原文的"直译",还是相对贴近译文的"意译",在中国现代文学史上有过一段著名的公案。持"直译",更准确地说,"硬译"说的鲁迅,如是表述自己的立场:

> 为什么不完全中国化?给读者省些力气呢?这样费解,怎样还可以称为翻译呢?我的答案是:这也

---

① 袁婵认为这种想法贯穿了凌叔华后期整个写作生涯,在内容和形式两方面,她都试图让自己的作品更符合西方读者的阅读习惯。参见"Ling Shuhua to Virginia Woolf," May 25th 1938, Archive in Keep,转引自袁婵《"新闺秀"的旅吟:凌叔华的生平与创作》,香港,中华书局,2020年,第272页。

② "Ling Shuhua to Leonard Woolf," July 6th 1952, Charleston Papers,转引自袁婵《"新闺秀"的旅吟:凌叔华的生平与创作》,第272页。

> 是译本。这样的译本,不但在输入新的内容,也在输入新的表现法。中国的文或话,法子实在太不精密了,作文的秘诀,是在避去熟字,删掉虚字,就是好文章,讲话的时候,也时时要辞不达意,这就是话不够用,所以教员讲书,也必须借助于粉笔。这语法的不精密,就在证明思路的不精密,换一句话,就是脑筋有些胡涂。倘若永远用着胡涂的话,即使读的时候,滔滔而下,但归根结蒂,所得的还是一个胡涂的影子。要医这病,我以为只好陆续吃一点苦,装进异样的句法去,古的,外省外府的,外国的,后来便可以据为己有。①

暂且不论鲁迅对现代汉语语法的评价是否正确,他采用"硬译"的初衷是十分明确的,"不但在输入新的内容,也在输入新的表现法",惟有这样才能将这些异质化的元素吸收进中国的语言、文化之中,才能真正实现文化的发展与进步。照此看来,贝尔对凌叔华作品采取的翻译方式,对她创作理念的影响,使得中国现代文学错失了以更富创造性与挑战性面貌出现在西方读者面前的机会,也使得凌叔华只能成为徐志摩口中"中国的曼殊菲尔",而不能使得某个西方作家成为"某国的凌叔华"。

综上所述,上述译文采取的翻译策略不仅影响了文本意义的表达,更影响了翻译文本的文体效果。新文化运动以后,白

① 鲁迅:《关于翻译的通信》,《鲁迅全集》第四卷,第 391 页。

话文写作成为主流,不同作家在写作过程中用心经营自身的文体形式,形成了各自不同的文体风格,譬如老舍的小说便以北京方言为底色,鲁迅的文字在带有吴方言的色彩以外,欧化倾向更为明显。沈从文、凌叔华、巴金、姚雪垠等也都是风格迥异的作家,各有各的文体风格。所谓标准“中文”,对于小说文本而言,至少是不存在的。然而,这些文体风格各异的作家文本经过翻译以后,不约而同地变得更加简洁、更加清晰,许多原本拗口,甚至不合语法体例的表达被修正,那些不易为人理解的地方也被加以说明。彭发胜认为有些译者的职业习惯影响了他们翻译文体的风格,其中最典型的就是任玲逊,由于长期从事新闻行业,他的译文更倾向于新闻写作的风格。[①] 然而,小说天然是一种混杂的文体,清晰明了并不是硬性要求,多样性和差异化反而才是小说文体最大的特点,作家在创作过程中根据不同的人物、情景使用不同风格语言的例子多到不胜枚举,为了叙事效果刻意在不同文体风格之间相互转换也是司空见惯之事。可翻译在一定程度上令作家的苦心付诸东流,当译本与原作并置时,不难发现译本与原作、原作与原作之间的文体差异在译本与译本的比较中变得模糊不清。而这实际上又从反面说明,中文语境下所谓的标准语,更多是一种政治话语的衍生,而非文化自觉地产物。

《天下》大量(以当时的水平而言)选登现代文学作品的初衷是向西方展示文明、进步、现代的国族形象,这一形象本应是

---

① 彭发胜:《〈天下月刊〉与中国现代文学的英译》,《中国翻译》2011 年第 2 期,第 26 页。

丰富而立体的,但经过翻译以后变得苍白而单调,这恐怕大大超出了编辑的预期。正如那句古老的谚语所言,翻译即是背叛,不管是因为不同语言之间本身存在的不可译成分,还是译者在翻译过程中采取的不同的翻译策略,都会使得译文与原文之间拉开或近或远的距离。这其中既体现了不同文化结构的差异,也反映出不同文化语境下译者“权力”的差别。在跨语际文化实践中,翻译一方面承担着建构的任务,将文本从一种文化结构转换到另一种文化结构,重建其意义、内涵与风格,另一方面,翻译又隐含着解构的性质,译文的呈现方式常常会偏离原文想要达成的传播效果,以《天下》对中国现代文学的翻译为例,它采用的翻译策略大大减弱了中国文化在英语语境中的异质性,从而错失了有可能真正对他者文化构成影响的契机。

最后,《天下》对中国现代文学的翻译也影响了中文语境下某些话语的强势地位,比如对文学大众化、通俗化的要求。对于理解新文学尚存困难的大众而言,以英语写就的文学作品完全无法进入其阅读视野,即使最通俗易懂的姚雪垠在译成英文之后,在大众那里也成了精英主义的产物,成了高山仰止或弃如敝屣的对象。30 年代是新文学自我经典化肇始的时期,又是各种理论交锋最为激烈的时期。既有“五四”作家大规模经典化的努力,又有现代派、民族主义、大众化等等各种文学主张的争论。《天下》的翻译对外承担的是文化交流的使命,对内则是参与话语论争的一种形式,而其通过“翻译”和“纪事”所传达的对现实主义和民族主义的偏好却由于他者语言的介入陷入自说自话的尴尬境地。这可谓翻译对《天下》创刊意图的又一种解构。

小　结

20世纪30年代中后期,随着抗日战争的全面爆发,中国国内的民族主义思潮变得更加高涨,在此种背景下,《天下》言说现代中国的过程,实则也是与这股时代思潮对话的过程,而杂志面向西方的言说方式,又让译者不得不将西方读者的期待反应纳入考虑范围。两者共同作用下,《天下》译介的中国现代文学呈现出以下特点:一方面,中国知识分子需要回应“崛起的英雄”形象,塑造自强不息的民族形象,描绘文明、进步的现代中国;另一方面,他们也展现了自身对于现代性文体的反思。《天下》希望借助沈从文、萧红、凌叔华、姚雪垠等作家作品展现的便是以上两方面的内容。然而翻译本身的局限性,加上译者翻译策略的选择,使得文本语意在不同语境间转换时,不可避免地发生偏差。原作鲜明的地方色彩、多样的文体效果经过翻译以后,变得相对同质与单一。因此,虽然《天下》的初衷是文化输出,可是受制于文化上的弱势地位,以及翻译的客观限制,杂志最终呈现的翻译文本与原本的期待可谓背道而驰,异质性元素的缺失,反而使得中国现代文学失去了对他者施以文化影响的契机。这是身为当局者难以摆脱的历史局限,指出这一点并辨明其中的细节,并非为了苛责前人,而是为当代人在跨语际文化交流中思考自我与他者关系时,提供些许借鉴,这大概也是《天下》之于当代读者最大的意义所在。

第五章　出版和印刷中的知识生产、社会启蒙与民族认同

自第三卷起,《天下》对与报刊书籍有关的话题——比如书籍的历史演变、印刷、编目,报刊发行数量、种类等——展开了持续的关注。相较于"内容"的考察,此类文章重视"形式",即报刊书籍的"物质性"元素,从传播学的角度而言,从观照"内容"到讨论"形式",意味着传播学研究主体从文本到媒介的范式转换,相比于讨论文本内容与社会认知间的关系,当代的研究者正越来越关注媒介本身的意义,以及它如何建构社会空间,形塑主体认知的过程。[①] 当代学术范式的转换为我们考察《天下》此

① 在文化研究领域,自2010年前后开始有一所谓"物质性转向"(materialism run)或者"物质转向"(material turn)的趋势,开始越来越多地关注传播、媒介和文化的物质性因素。Bennete, T. & Joyce, P. (Eds.), *Material Powers: Cultural Studies, History and the Material Turn*, London: Routledge, 2010.

类文章提供了一个新的思路,可以想见,在文本层面,这些文章的目的在于向西方读者介绍中国传统文化中非常重要的一些基本知识,展示中华文明深厚而悠久的底蕴。然而,在一个共时性的语境中,这些文章又和发生在中国大地上的思想启蒙运动、文化革新方案进行着潜在的对话,对于报刊书籍“物质性”元素的关注,对其媒介意义的考察,实际上直指知识生产、社会启蒙和民族认同等一系列晚清以来中国知识分子念兹在兹的话题。

《天下》刊登报刊书籍类文章概况

《天下》对报刊书籍的关注,始于 1936 年 3 卷 1 期,此后,直到休刊都有相关文章发表。开启这一话题的是吴光清(1905—2000)博士,另外,黄维廉(1897—1993)和郁宸民[①]也是重要的撰稿者。吴光清被誉为“以西文写作中国图书目录学的第一人”,是“中国早期取得图书馆学博士学位的少数学者之一”,[②]在中美两国的国家图书馆先后都担任过主要职务。1932 年,吴光清自美国密歇根大学图书馆系毕业,取得硕士学位,而后归国任职,担任金陵女子大学图书馆馆长。1935 年起又调任国立北平图书馆,任编纂兼编目部主任以及《馆刊》编委。1938 年,吴光清再次赴美,先在美国国会图书馆东方部实

① 笔者没有查到郁宸民的相关生平和经历,即便在《天下》上,他的名字也三易其稿,分别写作“郁宸民”“郁震民”“郁辰民”,而在“书籍”话题以外,他的写作范围亦囊括军事、教育、医学等其他话题。

② 钱存训:《吴光清博士生平概要》,《国家图书馆学刊》2005 年第 3 期,第 82 页。

习，后又在芝加哥大学攻读博士学位，并于 1944 年毕业。[①] 他为《天下》撰稿的时期，恰是他两次赴美之间的间隙，1936 年 3 卷 1 期，吴光清撰文"The Chinese Book: Its Evolution and Development"(《中国图书的演进与发展》)，3 卷 2 期发表"The Development of Printing in China"(《中国印刷术的发展》)；1937 年 5 卷 10 期，又发表"Libraries and Book-collecting in China before the Invention of Printing"(《印刷发明前的中国图书馆和藏书家》)。及至 1938 年赴美之后，吴光清仍有文章在《天下》刊登，分别为 1940 年 10 卷 2 期的"Cheng Ch'iao, A Pioneer in Library Methods"(《郑樵：图书馆方法的开创者》)和 11 卷 1 期的"Colour Printing in the Ming Dynasty"(《明代的彩色印刷》)。

黄维廉，原名黄福源，英文名 Vi-Lien Wong，亦是民国图书馆史上"一位颇具特色的图书馆学家"[②]。早在 20 年代初，黄维廉便在上海圣约翰大学图书馆任职，此后又长期担任馆长一职，还一度负责国立中央大学图书馆西文编目工作。三四十年代，黄维廉曾两度赴美学习、考察，并取得了硕士学位。[③] 他在《天下》发表的文章分别是 1938 年 6 卷 4 期的"Library Chronicle"(《图书馆纪事》)以及 1939 年 8 卷 4 期"Libraries and Book-Collecting in China From the Epoch of the Five

---

① 吴光清的生平参见钱存训：《吴光清博士生平概要》，《国家图书馆学刊》2005 年第 3 期，第 82—84 页；周余姣：《图书馆界的林语堂：吴光清》，《图书馆论坛》2016 年 12 期，81—91 页。

② 黄雪婷、张丽英：《黄维廉图书馆生涯考察》，《大学图书馆学报》2017 年第 4 期，第 110 页。

③ 关于黄维廉生平，参见黄雪婷、张丽英：《黄维廉图书馆生涯考察》，《大学图书馆学报》2017 年第 4 期，第 110—117 页。

Dynasties to the end of Ch'ing”(《五代至晚清的图书馆与藏书》)。郁宸民则从1938年起,每年为杂志撰写“Press Chronicle”(《出版纪事》),直到杂志休刊。

从这些文章的题目便不难看出,相比于“书籍”的内容,吴光清、黄维廉等人更关注的是“书籍”这一媒介本身的变化,刨去其中目录学、图书馆学专业相关的方法论研究不论,这些文章实则亦关乎中国形象的建构,并且折射出20世纪中国现代知识分子对于知识生产、社会启蒙和民族认同之间关系的认识。

报刊书籍里的“主义”与“生意”

30年代以后,战争的阴影逐渐笼罩中国大地,“启蒙”热潮早已散去,“救亡”的压力与日俱增,曾经高举“启蒙”大旗的同人已各奔东西,而以陈伯达(1904—1989)为代表的后起的马克思主义者则试图以“新启蒙”的名义,再次赢得青年学生的认同。尽管“启蒙”的热度骤减,对“启蒙”之发生至关重要的报刊发行、图书出版行业[①],在进入30年代以后非但没有显出颓

① 关于启蒙和出版之关系,早有学者加以注意,张灏曾指出:“在转型时代,报章杂志、学校与学会三者同时出现,互相影响,彼此作用,使得新思想的传播达到空前未有的高峰。”身处其间的当事人对此也有清醒认识,梁启超便把“学堂”“报章”“演说”称为“传播文明三利器”。政治领袖如孙中山,也清楚地意识到报章及出版之于思想革新、社会动员的作用:“此种新文化运动,在我国今日,诚思想界空前之大变动。推原其始,不过由于出版界之一二觉悟者从事提倡,遂至于放大异彩,学潮弥漫全国,人皆激发天良,誓死为爱国之运动。”(参见张灏:《中国近代思想史的转型时代》,《二十一世纪》1994年4期;梁启超:《自由书·传播文明三利器》,载《饮冰室合集·专集》,上海:中华书局,1936年,第41页;孙中山:《关于五四运动》,载《孙中山选集》,北京:人民出版社,1981年,第482页。)

势，反而愈发兴盛。自 1933 年起到 1937 年全面抗战爆发为止的这段时期，在中国报刊史上素有“杂志年”之称，报刊发行的数量和种类都达到了民国以来的高峰。[①] 作为一名专业人士，吴光清自然注意到了报刊、图书行业的繁荣，并且解释了促成这一现象的技术原因：“滚筒印刷机和轮转印刷机(the cylinder and rotary presses)取代了手压机(handpress)，极大地促进了中国印刷业的发展，大幅增加印刷品产量同时急剧降低了印刷的成本。”[②]前工业化时代，书籍印刷、生产殊为不易，因而，在很长一段历史时期中，书籍之存在本身即构成了某种意义，其形式如开本尺寸、装帧用料等往往能够直观地体现文本价值。吴光清便指出，汉代典籍的尺寸，与其受重视程度成正比，越重要的经典，所用竹简越长，而隋唐之际的卷子本，尤以隋炀帝的藏书为代表，书轴颜色的区别表明了它们价值的差异，红色最贵，深蓝色次之，而无色清漆书轴最次。[③] 可见书籍在古代中国，不仅因其文本意义受到重视，其存在本身即被当成一种“有意味的形式”加以展示。随着机械化、工业化手段的介入，报刊发行、图书出版的成本迅速下降，这使得清末以来知识精英以报刊书籍传播新知，推行文化改革、思想革新的社会改造方案得以实施，在此过程中，书籍本身的价值迅速剥落，文本构成了

---

① 早在 1937 年初，时人就曾总结：“二十三年(按：1934 年)之所谓杂志年，不过是个开端，二十四年而大进，二十五年则渐降而或入安定状态亦未可知。”(舒新城：《两年来之出版界》，《中国新论》1937 年第 3 卷第 4—5 期合刊。)

② Wu, K. T. (吴光清), “The Development of Printing in China,” *T'ien Hsia Monthly*, Vol. 3, No. 2, 1936, p. 160.

③ Wu, K. T. (吴光清), “The Chinese Book: Its Evolution and Development,” *T'ien Hsia Monthly*, Vol. 3, No. 1, 1936, pp. 26 - 28.

“意义”的核心。

由于知识精英逐渐习惯于从知识生产和社会启蒙的角度看待报刊书籍的发行出版,而不再将其视作艺术本身,文本的内容而非书籍的形式便成了知识精英关注的重点。在此过程中,他们逐渐达成共识:应当优先采用大众易于接受的方式传播新知。《新青年》从文言改成白话便是这一思路最典型的体现。胡适、陈独秀等人之所以如此看重白话文,无非是因为白话相比文言更接近口语,故而更加鲜活,适用性更广,更容易为多数人所接受。《文学改良刍议》很重要的一条就是“不避俗语俗字”,因为这是当下活着的文字,而只有以活文字写就的活文学,才能算“言文合一”,才能“行远”,才能“普及”。①一年以后,胡适又进一步发挥自己的观点,所谓“有什么话,说什么话;话怎么说,就怎么说”,“是什么时代的人,说什么时代的话”。②将“我手写我口”作为新文学的基本要求,是期望言文一致的白话文学能为思想革命提供更多助益。而他们自信的来源又与早年间以白话参与社会启蒙有关,胡适在 1906 年至 1909 年间曾用白话文给《竟业旬报》写过不少文章,陈独秀更是在 1904—1905 年主编过《安徽俗语报》这样的白话报纸。如黎锦熙回忆:“1919 年‘五四’运动以前,我们这些知识分子也不是不写白话文,那只有三种场合:第一是办通俗白话报,这是教育性的,这显然是对另一个阶级说话,要讲究他们的语言,其实就是

① 有意思的是,胡适这篇提倡“言文合一”的文章,却是用文言写就的。(参见胡适:《文学改良刍议》,《新青年》1917 年第 2 卷第 5 期,第 35 页。)

② 胡适:《建设的文学革命论:国语的文学——文学的国语》,《新青年》1918 年第 4 卷第 4 期,第 7 页。

自己的语言，但对自己的阶层时绝不会‘写话’的。”[①]可见，白话文之“教育”作用，它在社会启蒙过程中的价值，早已受到知识精英认可，而据李孝悌对辛亥革命以前白话报刊的研究，这些刊物的主要内容以“破除迷信、劝诫缠足、劝诫鸦片为主，另外还包括了一些劝善戒恶、攻击传统习俗、制度的文字和很多介绍新知的作品”[②]。它们虽不似《新青年》那般影响广泛，也并未如后者那样整体性地批判传统文化，推行科学、民主、女权等思想，但是在一些与民众日常生活息息相关的社会话题——如缠足、戒烟——讨论中，确实产生了不俗的移风易俗效果。

另一方面，知识精英传播新知、启蒙大众的热情极大地刺激了报刊图书行业的发展，伴随着新观念、新思想的传播，一大批新刊物、新图书随之出版，尤其当这些新观念、新思想得到政府部门背书时，这一影响便愈发显著。王迪在研究清末新政与近代学堂时就曾指出：“由于学堂开设新学，就为新书刊的传播造成极好条件，如上海出现了‘新学书报最风行时代’，上海作新社、广智书局、商务印书馆、新民丛报支店、镜今书局、国学社和东大书局等‘各竞出新籍，如雨后春笋’。仅在 1904 年，西方社会政治学说、哲学历史名著等译成中文者即达 250 余种。”[③]及至 1920 年，教育部通告全国，教科书废文言改白话时，各式白话教科书便应运而生，“民九审定的教科书凡 173 册，民十凡 118 册，民十一约 100 册。民十以后几年间，各书坊竞出儿童

① 黎锦熙：《新著国语文法》，北京：商务印书馆，1958 年，今序，第 7 页。

② “下层社会”，据李孝悌的定义，指粗通文字的社会民众。（参见李孝悌：《清末的下层社会启蒙运动：1901—1911》，石家庄：河北教育出版社，2011 年，第 26、257—258 页。）

③ 王迪：《清末新政与近代学堂的兴起》，《近代史研究》1987 年第 3 期，第 266 页。

课外读物,种类很多,还不在教育部审定范围之内……”①。报刊图书固然促进了新知的传播,新知的传播未尝不曾刺激了报刊图书的出版,两者相辅相成,互为表里,构成了中国近现代历史之重要一环。②

然而,随着报刊图书市场的繁荣,知识生产也会脱离预设的启蒙路线,所谓通俗、鲜活的语言并不一定意味着更高效的传播,有时反而会形成一种新的语言壁垒,将传播对象拒之门外。左翼知识分子率先指出了这一问题,早在1930年《大众文艺》组织的第一次文艺大众化问题座谈会上,就有与会者向白话文发难。夏衍认为:“现在的白话,不是白话,是白话的文了。大众化具体问题;应把文改为话。”蒋光慈则指出:“五四运动以来,白话运动还不成功,听不懂的根本不是白话。讲不到接近大众了。”③这是对晚清以来,以白话为基础推行的知识生产、文化传播、社会启蒙进行了彻底的否定,瞿秋白更是直言“从这种文学的基础上产生出来的初期革命文学和普洛文学,只是替欧化的绅士换了胃口的鱼翅酒席……‘五四’的新文化运动因此差不多对于民众没有影响”④。

上述分歧乃是“主义”之争,另一种偏离预设的情况则与“主义”无关,而与“生意”有关。报刊图书之繁荣,在传播新知以外,还有商业娱乐的需求,这是都市文化必不可少的组成部

① 黎锦熙:《国语运动史纲》,北京:商务印书馆,1934年,第224页。

② 不止如此,文学革命、社会启蒙以及随之而来的教育改革,除了促进报刊图书出版以外,还影响了“图书馆”在民国的发展。[参见 Wong V. L.(黄维廉),“Library Chronicle,” *T'ien Hsia Monthly*, Vol. 6, No. 4, 1938, pp. 369 - 376.]

③ 《文艺大众化问题座谈会》,《大众文艺》1930年第2卷第3期,第3—4页。

④ 宋阳:《大众文艺的问题》,《文学月报》1932年第1卷第1期,第1—2页。

分，也是报刊图书在晚清中国诞生之际天然具有的属性。知识精英对这类报刊图书的担忧既来源于其内容，也来源于其良莠不齐的发行质量。譬如清末以来的小报，小报之“小”有两个方面。一是开本，戈公振（1890—1935）有言：“与大报副张颉颃者有小报，以其篇幅小故名。”[①]不同于对开的大报，小报常是四开甚至八开，在版面尺寸上就小了一截，印刷、发行质量也难以保障。二是内容，小报以刊登逸闻琐事、花边奇谈、社会黑幕、游戏小品居多，较少国内外时政要闻的报道。由此之故，小报向来受到知识精英的排挤——20 年代初，有人在《晨报副镌》刊文，将小报比作大粪，并提议把《晨报副镌》办成《晶报》[②]的样子，用“假粪”驱逐“真粪”，以实现文化与思想的革新[③]——乃至政府部门的压制，[④]因而一般读者通常只在浴室、理发室、茶室一类的消闲场所阅读小报，而不会把它带到公司、银行等正式场合，即便带去也只会躲在厕所偷看。[⑤] 然而，小报的存在仍无可置疑地构成了晚清、民国以来上海都市生活的重要组成部分，有人曾统计，在 20 年代中后期上海先后发行的 988 种

---

① 戈公振：《中国报学史》，北京：中国新闻出版社，1985 年，第 201 页。

② 《晶报》1919 年 3 月 3 日在上海创刊，主编余大雄，本是《神州日报》附刊，随《神州日报》免费附送，也单独发售。1927 年起，《神州日报》停刊，《晶报》正式独立发行，直至 1940 年止。《晶报》每三天出版一期，又因为创刊于 3 月 3 日，故取名“晶”。三日刊的模式，开创了上海办刊史上的先河，也奠定了后来很长一段时期内小报的主流发行模式，1933 年 11 月 6 日，为庆贺《晶报》改三日刊为日刊，时任上海市长吴铁城为其题词“小报之王”。

③ 犬儒：《制造假粪的研究》，《晨报副镌》1921 年 11 月 6 日第 1 版。

④ 1934 年国民党中央宣传委员会曾发布《解释取缔小报标准》，将“内容简陋，篇幅短少，专载琐闻碎事（如时人轶事、游戏小品之类），而无国内外重要电讯记载之类报纸”定义为小报，并作管理肃清。[参见《解释小报取缔标准》，载《申报》（上海）1934 年 1 月 16 日第 8 版。]

⑤ 陈灵犀：《社会日报杂忆》（续），《新闻研究资料》1982 年第 5 期，第 111 页。

报纸中,有855种是小报,以数量而论可谓占了大半江山。[①]吴光清文章中所谓希望出版商生产更多具有永恒价值(permanent value)而非缺乏教养品位低下(uncultivated and poor tastes)的产品,[②]矛头所指显然便是这些商业娱乐属性过强、知识启蒙属性薄弱的出版物。

中国古代很长一段历史时期内,书籍本身的尺寸、装帧和形式便表明了它在文化和政治权力序列中的地位,因为书籍不仅是一般意义上思想观念的载体,更是天人沟通的媒介,是王朝延续的政治密码,从一开始就散发着权力的气息。随着时代演变,书籍蕴含的权力意味逐渐散去,但作为文化、财富和社会地位的象征,书籍仍然通过差异化的装帧,以一种形诸具体之物的方式维护着自身的象征价值。工业化进程影响到印刷出版行业以后,书籍的物质性因素被逐渐忽略,文本成为书籍的核心意义。大批量、低成本的书籍生产为社会启蒙提供了先决条件,对形式、装帧的追求被启蒙的焦虑以及随之而来的市场需求取代,“主义”和“生意”成了推动报刊图书行业发展的主要动力。对于知识精英而言,“主义”的优先级显然高于“生意”,因此,吴光清在他的文章中呼吁从业者——书商、报刊发行人等——利用新技术带来的红利,扩展业务范围(extend their scope of activities),降低生产成本(lowering the cost of production),创造新的市场(creating new markets),继而进一步增加报刊、图书的出版发行数量,因为出版业的繁荣与国家、

① 祝均宙:《上海小报三题》,《新闻大学》1998年第4期,第74页。

② Wu, K. T. (吴光清), “The Development of Printing in China,” *T'ien Hsia Monthly*, Vol. 3, No. 2, 1936, p. 160.

民族的文化昌盛唇齿相依。[1] 不难看出，随着机械化生产的推广，书籍印刷开始以内容为主导，书商制造符合各种社会需要的书籍，而忽略其装帧，因此书籍作为一种文化、品味和权力的直接展示品之作用受到了解构。在现代化进程中，书籍的角色被去魅，它不再是天人沟通的纪录、政治秘密的转码，它成了娱乐，成了消遣，成了专业信息的载体，成了传播新知的媒介。内容，而不是书籍本身，在现代化进程中扮演着举足轻重的角色。相对应的，知识精英也已经习惯于从知识生产的角度评估报刊发行、图书出版的意义，将其与社会启蒙紧密相连。

“公共”的书籍与“私人”的书籍

无论报刊图书之出版发行与知识生产还是商业娱乐联系在一起，无论它们被视作启蒙的手段抑或消闲的方式，所彰显的都是它们的“公共”属性，换言之，媒介与文本的意义都建立在“传播”的前提之下。然而，在一个更古老的传统中，“传播”价值、“公共”属性并不是书籍最为人看重的地方，对于过去的知识精英而言，书籍的装帧、用料、样式等物质性元素同样重要，因为这些最为直接地反映了他们的趣味与品味。有意思的是，趣味也好，品味也罢，这些看上去更像是“私人”层面的元素，却常常构成公共空间中所谓“文化资本”的重要来源。布尔

---

① Wu, K. T. (吴光清), “The Development of Printing in China,” *T'ien Hsia Monthly*, Vol. 3, No. 2, 1936, p. 160. 原文为“In view of the close relationship between the printing trade and the cultural achievements of a nation.”。

迪厄就曾总结道:“社会主体通过他们对美与丑、优雅与粗俗所做的区分而区分开来,他们在客观分类中的位置便表达或体现在这些区分之中。”①而在历史学家的研究中,我们可以更直观地看到趣味与品味如何具体地构成“文化资本”和社会地位的来源,卜正民曾鲜活地描述文徵明之孙文震亨有关文化消费、生活时尚的著作《长物志》在明代社会造成的影响,由此揭示17世纪财富、品味和教养之间错综复杂的关系。②

经过“五四”时期反传统思潮的洗礼,知识精英,尤其新文化运动的提倡者,已不常公开表达自己在书籍领域的旧式趣味,尽管他们仍然是琉璃厂旧书店和文玩坊的常规主顾。新式书籍的出版,如吴光清在文章中写道:“在引入西方书籍和印刷技术以后,中国的书籍,尤其是现代主题的书籍,通常采用与它们的西方原型一样的纸张和装订方式。”③一方面这是出于成本的考量,另一方面也是为了显示与“过去”的决裂。在“现代”“新知”大行其道的年代,知识精英如果过多流露自身的旧式趣味,便会遭到论敌的嘲讽。1933 年,鲁迅、郑振铎合编、自印《北平笺谱》一事引起的小小风波即是此种情形的典型体现。笺谱笼统而言便是印有诗画的信纸,既可作写信之用,又可供艺术欣赏,自南北朝时期兴起以后,就一直是文人雅士钟爱之物。《北平笺谱》初印 100 部,定价 12 元,共收木刻套印彩笺

---

① [法]皮埃尔·布尔迪厄著,刘晖译:《区分:判断力的社会批判》上册,北京:商务印书馆,2019 年,导言,第 5 页。

② [美]卜正民著,黄中宪译:《维米尔的帽子》,北京:北京日报出版社,2023 年,第 79—83 页。

③ Wu, K. T. (吴光清), “The Chinese Book: Its Evolution and Development,” *T'ien Hsia Monthly*, Vol. 3, No. 1, 1936, p. 32.

310幅，笺样种类多样，用色调匀，印刷精美，采用中式线装装订，瓷青纸作书衣，六册一涵，沈兼士题签书衣，沈尹默题签扉页，鲁迅还亲自以文言为笺谱自作序言一篇，无一处不体现着传统文人的趣味与品味。笺谱虽是自印，数量有限，但仍公开发售，因而发行之初便招致邵洵美极大嘲讽，谓之“真是大开倒车，老将其实老了”[①]。除开双方此前因“女婿风波”造成的不快，邵洵美对鲁迅、郑振铎的攻击实则自有其内在理路。在以文化、思想实行社会启蒙的大背景下，个人趣味的选择需要被放到有关民族及国家未来前景的设计方案中加以讨论。此时，知识精英的趣味和品味不仅是私人选择，也不局限于区分社会阶层，积累文化资本的作用，更是国家方案的体现。结合“五四”以来的反传统思潮，旧式的文人趣味实则早已与前现代的、落伍的、腐朽的国族形象结合在一起，因此不得不从公共空间的讨论中退场。如果借用理学家的词汇，这种现象或许可以称之为公理对人欲的压抑，然而由于思想启蒙、文化革新等话语具有的权威性，私人品味对公共话语的让渡，人欲对公理的服从因为被认为于民族、国家的富强与现代有利而一再被容忍。在此情形下，知识精英在决定书籍的内容、装帧、印刷时，实则也是在公开地表达自己的文化姿态和价值立场。

在强势的新文化话语面前，“旧”事物在价值层面天然地处于劣势，尽管如此，在大众层面“旧”的反而可能更受欢迎，“民粹”“国学”“复古”等概念在大众间仍然充满号召力，因此，提倡

---

① 杨天南(邵洵美)：《二十二年的出版界》，《十日谈·新年特辑》1934年1月1日，第14页。

新知的知识分子尤其警惕"旧"事物死灰复燃,即便在情感和趣味方面他们仍对其难以割舍,在公共话语空间内却仍要对其"穷追猛打"。在自印《北平笺谱》的同一年,鲁迅还曾以"丰之余"的名义在《申报·自由谈》对施蛰存"劝人看《庄子》《文选》"报以讥讽,称其"信封也有自刻的印板了,新诗也写成方块了,除掉做新史的嗜好之外,简直如光绪初年的雅人一样,所不同者,缺少辫子和有时穿穿洋服而已"[①]。同样有"复古"嫌疑,为何一边"声讨"青年人,另一边自己却大印笺谱,鲁迅言行之间逻辑之不自洽显而易见,无怪乎邵洵美谓其"大开倒车"。邵洵美批评鲁迅同鲁迅批评施蛰存,内在逻辑实则并无差异,而这恰是彼时知识分子矛盾纠结心理最好的体现,也是"新"与"旧"、"传统"与"现代"在公与私不同话语空间内遭遇不同之反映。

吴光清文章也涉及了这一话题,虽然涉笔不多,却提供了另一个很有意思的观察角度。他在回顾完中国书籍的演变后承认,自西方引入现代印刷技术以后,中国的图书出版行业,尚没有西方所谓"豪华版"(édition de luxe),但确有不少印刷精美的书籍(exquisitely printed books),在清晰无瑕的白纸上用喷墨写着对称的汉字,用优雅的刺绣丝绸封皮装在锦缎盒或精美的木箱里。并且,不少学者仍乐意见到自己的作品按照传统的方式印刷出版。[②] 尽管现代印刷技术的引入,造成了书籍相

① 鲁迅:《重三感旧——一九三三年忆光绪朝末》,《鲁迅全集》第五卷,第342—343页。

② Wu, K. T. (吴光清), "The Chinese Book: Its Evolution and Development," *T'ien Hsia Monthly*, Vol. 3, No. 1, 1936, p. 32.

对普及和低价，为传播新知带来了便利，但是在许多深受传统文化影响的现代知识精英心目中，书籍的装帧仍然应当以一种艺术化的方式进行，这不仅是对书籍承载内容的尊重，也是文人趣味的流露和价值立场的坚守。然而很少有人公开地表达此类观点。吴光清文章则无此顾忌，他立场鲜明地伸张传统文人趣味惯于欣赏的书籍装帧印刷方式，并大方地承认，许多学者仍然未改其对于书籍的品味。一方面，我们应当意识到，吴光清面临的语境与鲁迅、邵洵美等人争论的语境完全不同，在一个面向西方读者的场域中，中文语境下的话语逻辑并不适用，因此他才可以在一个看似公共的话语空间中讨论传统文人趣味的正当性。另一方面，正是由于面向预设的西方读者言说，使得吴光清在字里行间隐含着一种文化竞争的心理，他欲主张中国传统书籍印刷的精美，主要是为回应中国图书业尚未有对应西方所谓“豪华版”之图书的现状，以克服中西差异之下产生的焦虑心理，证明中国文化自有其优越可取之处。这涉及的是一个更普遍、更长期的话题，即《天下》同人，以及所有关注中国命运的文人知识分子，在激烈的东西、新旧碰撞中，如何重塑国族形象，造出一个“新中国”？可见，在看似专业性十足的印刷出版领域，相关讨论都不可避免地涉及自身内涵以外的民族主义面向。

中国的书籍与西方的书籍

古代中国对人类文明最重要的贡献无疑是“四大发明”，尽管不能确定究竟何人最早提出了这个说法,但据当代学者考证,最迟到19世纪末20世纪初,相当数量的西方学者已经承认中国是造纸、罗盘、火药和印刷术的发源地。[①] 然而,这其中也不乏争议,印刷术恰又是争议最集中的领域,印刷术究竟缘起何处?铜活字印刷技术谁掌握得最成熟?这些话题在专业领域内似乎仍未有定论。由于“四大发明”所涉之民族主义情绪,研究者的观点与立场难免受到影响,辛德勇直言,在印刷术研究的领域中,出现了“预设结论”,以“捍卫中国人的发明权”的现象。[②]《天下》有关书籍、印刷的文章严格意义上不是面向专业同行的学术论文,更近乎针对普通读者——而且是西方的普通读者——的科普文章,因而民族主义情绪更容易渗透其中。这并不意味着吴光清等人在写作时一定会采取某种特定的预设立场,更多地体现他们在回顾、介绍相关领域的成就时,会将西方视作竞争对手,试图与其一较短长。

在前面提到的那些例子中,吴光清常会在一个中西比较的视野中看待中国书籍的发展演变,比较两者印刷、装帧等方面的区别。有时,作者对相关话题的介绍会显得过于“专门”,令人疑心缺乏相应知识背景及文化常识的西方读者是否会能够理解,譬如,他在文章中津津乐道于中国古书中的“单边”“双边”“天头”“地脚”“鱼尾”“象鼻”等概念,以显示中国书籍装帧

① 王庆:《中国古代“四大发明”说法的形成及其他》,《自然辩证法研究》2017年第8期,第72—77页。

② 辛德勇:《中国印刷史研究》,北京:生活·读书·新知三联书店,2016年,前言,第2页。

印刷曾经达到的高度。[①] 此类话题中的文化竞争心理尽管隐晦却不难察觉，因为它所涉及的都是书籍较为直观的物质性元素，中西之间的不同一望便知，一争高下的心理随之浮现。然而，有时书籍之间优劣的比较会超出物质性层面本身，进入文化与思维方式的比较。中国何以在与西方的竞争中尽处下风，制度乎？文化乎？思维乎？这些都是晚清以来困扰中国知识分子内心的重要问题。“数千年未有之大变局”与“亡天下”的隐忧也是由此而发，因而比较东西文化差异随之一跃成为显学，典型如梁漱溟《东西文化及其哲学》便是针对这一话题的论著，该书1921年出版后立即引起了思想界注意，反响极为热烈，在很短时间内便连出八版。

吴光清对东西文化及思维方式之差异的思考通常用“以史带论”的方式表达，因而一旦脱离时代语境就很难察觉。在介绍中国古代的书籍时，吴光清多次提到书写材料和文本内容之间的关系，譬如商代和周早期，写在甲骨或刻在青铜器上的铭文，由于书写材料篇幅有限(small surface offered by these materials)，外加刻写不易(the laborious technique of Chinese writing)，书写内容必然地趋于简洁(naturally brevity was imperative)。[②] 等到战国时期，竹简开始用作书写材料以后，受限于篇幅，仍然不得不采用简明的语言(laconic writing)。[③] 直到丝绸逐渐取代竹简，并在东汉成为主流书写材料以后，在

① Wu, K. T. (吴光清), “The Development of Printing in China,” *T'ien Hsia Monthly*, Vol. 3, No. 2, 1936, p. 148.

② Wu, K. T. (吴光清), “The Chinese Book: Its Evolution and Development,” *T'ien Hsia Monthly*, Vol. 3, No. 1, 1936, p. 25.

③ Ibid., p. 26.

一页丝绸上写一篇长文才成为可能。[①] 早期书写材料的限制造成了汉语用词简明、语意凝练的特征,这既可以是一种客观的历史描述,也可以是一种价值判断,因为简明、凝练也被认为逻辑性欠缺,不够理性,不适用于新知的传播和科学理性思维的建立。实际上,这也是清末以降,中国知识分子对汉语不满的主要原因。

于是乎,清末以来,中国知识分子便不断探索着语言文字改革的方案,希望借此建立起一套全新的,能够适用于表达现代知识的语言体系。古老的汉语难堪大用,需要新鲜血液注入,乃至彻底抛弃重造,具体而言有两个方面的原因。一来,传统汉语书面语和口语存在巨大分裂,而口语又存在地区性差异,因此,妨碍了新知的传播和国族同一性的建构,为了改变这一局面,势必要推行新的、“言文一致”的统一语言。为此,清末以来不同观点、不同立场的知识分子不断给出各自不同的解决方案,从吴稚晖(1865—1953)为代表《新世纪》群体提出的“世界语”,到钱玄同及《新青年》同人提出的“废除汉字”[②]“国语的

---

① Wu, K. T. (吴光清), “The Chinese Book: Its Evolution and Development,” *T'ien Hsia Monthly*, Vol. 3, No. 1, 1936, p. 28. 原文为“After the use of silk which came in long pieces and narrow breadth, it was possible to write a lengthy passage on one piece of silk.”。

② 钱玄同对改革汉字曾有如下激烈主张:“汉字不革命,则教育决不能普及,国语决不能统一,国语的文学决不能充分的发展,全世界的人们公有的新道理、新学问、新知识决不能很顺利、很自由地用国语写出。何以故?因汉字难识、难记、难写故;因僵死的汉字不足表示活泼的国语故;因汉字不是表示语音的利器故;因有汉字做梗,则新学、新理的原字难以输入于国语故。”(钱玄同:《汉字革命》,《国语月刊》1922 年第 1 卷第 7 期,第 7 页。)

文学、文学的国语”[①]，再到30年代左翼文人提出的汉语拉丁化方案，以及同时期黎锦熙和胡适从语言学和文学两个角度所做的阐释，[②]都是在回应这一问题。再者，汉语的词汇不够丰富，表述不够精确，逻辑不够严密，不利于现代知识的传播普及，不利于科学理性思维的树立，因此亟待改革。甚至不仅古汉语有上述缺点，就连新近获得正统地位的白话文也有此缺陷，“还未完善，还欠高深复杂，而并非过于高深复杂”，因此要兼容并收，广泛采纳古语、方言和新名词。[③] 前面所引鲁迅关于翻译的阐释，实际上也在回应这一问题。[④] 置于上述思想脉络中，吴光清对中国书籍发展的描述便染上了另一层色彩，他是在为汉语的“缺陷”辩护，抑或单纯从“物质性”层面解释汉语有此“缺陷”的原因？这些问题的答案可能并不重要，重要的是，通过他的文章我们得以窥见中国近现代思想史上最重要的命题之一——语言同思想、文化之关系——在跨语际视野下折叠、展开之过程。

---

① 胡适：《建设的文学革命论：国语的文学——文学的国语》，《新青年》1918年第4卷第4期，第7页。

② 黎锦熙认为白话文之所以做不到言文一致，根本的弊端不在于文字承载的内容，而在于汉字本身，所以只有废除汉字，使用拼音文字才能真正实现。（参见黎锦熙：《国语运动史纲》，北京：商务印书馆，2011年，第42—44页。）胡适则在《中国新文学大系·建设理论集导言》中再次重申：“如果因为白话文学的奠定和古文学的权威的崩溃，音标文字在那不很辽远的将来替代了那方块的汉字做中国四万万人的教育工具和文学工具了，那才可以说是中国文学革命的最大的收获了。”（胡适：《中国新文学大系·建设理论集导言》，载刘运峰编《1917—1927中国新文学大系导言集》，天津：天津人民出版社，2009年，第28页。）

③ 周作人：《国语改造的意见》，《东方杂志》1922年第19卷第17期，第10页。

④ 鲁迅：《关于翻译的通信》，《鲁迅全集》第四卷，第391页。

小　结

晚清以来,工业化革新及随之而来印刷技术的发展对中国报刊书籍之出版发行造成了极大影响,受益于成本的降低,知识分子得以将报刊书籍作为知识生产和社会启蒙的媒介,利用它们传播新知,革新思想。思想改革风潮导致了中国社会的“权势转移”,西方的、现代的、新的文化成了知识界主流,白话文成了官方规定的国民教育的标准语言,报刊书籍的发行随之受到刺激,两者相辅相成构成了中国近现代史上一大景观。与此同时,报刊书籍在知识生产、社会启蒙以外,亦与城市文化密不可分,天然带有商业娱乐属性,知识分子固然嗤之以鼻,却无法彻底改变这一事实。《天下》所载有关报刊书籍文章,尽管主要讨论其“物质性”元素的发展,以及媒介功能的演变,然而仍不能脱离上述之社会背景。在讨论书籍形式与内容关系时,吴光清能够名正言顺地为书籍装帧正名,呼吁更复古、更具中国性、更精美的书籍形式,与现代西方的出版水准相竞争。这种竞争意识显然与文章的跨语际语境息息相关,而后者为他免去了中文语境下讨论书籍时固有的顾虑,不必因为对书籍装帧形式的颂扬被贴上“遗老”“陈腐”之标签。此外,对于书籍形式与语言文字关系之描述,也应当置于晚清以来知识分子对汉语的质疑与不满中看待,吴光清以一个专业人士的角度,从书籍的物质性层面——材料、书写方式等——回应了中文不够严谨、逻辑性不强,不适用于表达现代知识,也不足以塑造国民科学理性之思维的批评。同时，相关文章的存在再次提醒当代读者，无论《天下》如何强调它的文化属性及专业性质，民族认同和国族形象之建构始终是杂志发行最基本的动因。

在回应报刊书籍与大众，与国家民族之关系以外，《天下》的文章还涉及了近代思想史上另一个重要话题，即如何处理新知传播、思想改革过程中"中心"与"边缘"失衡的问题。在一系列《出版纪事》("Press Chronice")中，郁宸民用简洁而明确的口吻，陈述了全面抗战爆发以后，随着政府的西迁，以及高校、知识分子迁往内地，文化"中心"随之改变，一定程度上促进了新文化、新思想、新观念在原本"边缘"地区的传播。[①] 当代研究者在考察中国现代性发生问题时，通常都聚焦于上海、北京等中心城市，对于"边缘"之观照有所缺失，《天下》这些"在场"的文章提示我们一个经常被忽略的现象：现代性问题在中国的发生存在着一个由中心到边缘的辐射过程，此中细节有待我们进一步挖掘。

---

① Yu shen-ming(郁宸民), "Press Chronicle," *T'ien Hsia Monthly*, Vol. 7, No. 1, 1938, pp. 89 – 93. Yu chen-ming(郁震民), "Press Chronicle," *T'ien Hsia Monthly*, Vol. 9, No. 2, 1939, pp. 177 – 189. Yu chen-ming(郁振民), "Press Chronicle," *T'ien Hsia Monthly*, Vol. 11, No. 1, 1940, pp. 63 – 66. Yu chen-ming(郁振民), "Press Chronicle," *T'ien Hsia Monthly*, Vol. 12, No. 1, 1941, pp. 71 – 74.

第六章　天下与中国:《天下》有关中国上古史之讨论

《天下》同人欲向西方介绍中国——无论是通过古典诗歌、绘画等方式描绘的“审美中国”,还是借由现代小说、社论等途径勾勒的“现实中国”——都是融合了期待与选择之后的话语构建。《天下》所呈现的“中国”,是杂志同人希望西方看到的中国,也是他们翘首以盼的“未来中国”“理想中国”。杂志的招牌是“天下”,实则在意的却是“中国”。因此,全面抗战爆发后,《天下》突然连发数文,参与有关上古中国问题的讨论也就不足为奇。一来,古史问题牵涉到晚清以来萦绕中国士人心头的“学战”意识,又与顾炎武所谓“亡国”“亡天下”有着内在关联,不仅关乎学术之真伪,更关乎文化何以自存、国族何以独立等根本性问题,实在不可不察。再者,自 1923 年顾颉刚发表《与钱玄同论古史书》,到 1926 年《古史辨》第一册出版,古史问题本就彼时学界最前沿、最热门之话题,加之先有瑞典汉学家安特生(G. Anderson, 1874—1960)1921 年在河南发现仰韶遗址,拉开中国现代考古学之序幕,后有 1928 年起中研院史语所主持安阳殷墟考古,大量地下文献的出土使得三代历史亟待重新检讨。30 年代中期,胡适《说儒》(1934)、傅斯年《夷夏东西说》(1935)等文章的发表,又让古史话题的热度继续升温。最后,抗日战争的背景则令"中国"起源问题突破了一般学术讨论的范畴,而与现实政治产生了隐秘呼应,在史学层面为上古中国正名与在现实层面赢得战争胜利、维护国族独立,具有了同等的紧迫性。

《天下》介入上古史讨论的情况

《天下》刊载与中国上古史有关内容,多在 1936—1937 年间,全面抗战爆发并没有对此产生直接影响,但中日双方自 30 年代以来紧张的局势仍是不容忽视的时代背景。此类文章总计 5 篇,其中 3 篇书评,评论对象分别是 *Yin and Chou Researches* (Published by The Museum of Far Eastern Antiquities, Stockholm, 1935①),作者福开森(John C. Ferguson, 1866—1945);*The Birth of China* (By Herrlee

① 瑞典斯德哥尔摩远东古代博物馆,由著名汉学家安特生、高本汉(B. Karlgren, 1889—1978)领衔,是当时欧洲汉学的中心之一。

Glessner Creel[①], Jonathan Cape, London. 1936),作者福开森;*Studies in Early Chinese Culture* (By Herrlee Glessner Creel, Kegan Paul, London. 1938),作者叶秋原。纪事1篇,“Archaeology Chronicle”(《考古纪事》),作者叶秋原。专论(Article)1篇,“Folkways in Prehistoric China”,作者郭斌佳(1906—?)。粗看便知,这些文章的作者,无一是研究中国古史的专家,叶秋原是郁达夫密友,被当时报纸冠以“文艺家”的名号;[②]郭斌佳是历史学家何炳松(1890—1946)的学生,长于西洋史而非中国上古史,今人评论他“对于政治的激情大于对学术的热情,对于当下的批评多于对于经典的反思,毕生鲜有系统性的学术专著,却有着大量的断论”[③];倒是福开森,虽是外国人,对上古中国的认识却或许较前两位更深,他长期搜集、钻研甲骨等文物,个人收藏颇丰,可称得上非学院的学者。概言之,在上古史领域,他们的专业性与顾颉刚、傅斯年、李济(1896—1979)等历史学者或考古专家不可同日而语,但正是这种以“非专业”姿态介入上古史讨论的方式,更彰显出此话题的“公共性”,上古中国的历史不仅是象牙塔里的学问,更与社会思潮、文化形态、现实政治息息相关。

---

① Herrlee Glessner Creel(1905—1944),美国著名汉学家,中文名顾立雅,他曾于1930年至1932年间于哈佛向梅光迪(1890—1945)学习中文,随后又在1932年到1935年间受哈佛燕京资助留学中国,其间,师从北平图书馆金石部主任硫节研习甲骨文、金文,并数次参观正在发掘中的安阳殷墟遗址。

② 唐鸿棣:《关于郁达夫的一次“茱萸会”和祝寿聚游》,《上海师范大学学报》1980年第3期,第41页。

③ 韩晗:《知识分子、公共交往以及话语范式——以1930—1937年〈武汉大学文哲季刊〉为核心的学术考察》,《社会科学论坛》2010年第23期,第177页。

从“疑古”到“信古”

1923年,在《与钱玄同先生论古史书》中,顾颉刚提出“曾累地造成的中国古史”一说,并认为中国的古史“时代愈后,传说的古史愈长”,“时代愈后,传说中的中心人物愈放愈大”。[①]此后,三代历史被重新加以检讨,“疑古”成为学界热门话题。在新文化运动的发起者中间,顾颉刚的说法受到了极大推崇,即便在学问方面向来自负的傅斯年亦致信顾氏,承认他凭此文可“史学称王”,并称“三百年中,史学、文籍考订学,得了你这篇文字,而有‘大小总汇’”,以至于他“非拜倒不可”。[②] 钱玄同更是一度将自己的笔名起作“疑古玄同”。不过,在新文化运动最有力的反对者“学衡派”那里,顾氏的说法遭到了严肃反驳,张荫麟就认为顾颉刚的说法存在“根本方法之谬误”,他指出“凡欲证明某时代无某历史观念,贵能指出其时代中有此历史观念相反之证据。若因某书或今存某时代之书无某史事之称述,遂断定某时代无此观念,此种方法谓之‘默证’(Argument from silence)”[③]。“默证”之方法的使用存在严格限制条件,据张荫麟分析,顾氏的说法显然无视了这些限制,因而在方法论层面就难以立足。

---

① 顾颉刚:《与钱玄同论古史书》,《读书杂志》1923年第9期,第3页。

② 傅斯年:《与顾颉刚论古史书》,《国立第一中山大学语言历史学研究所周刊》1928年第1卷第9期,第309—311页。

③ 张荫麟:《评近人对于中国古史之讨论(古史决议录之一)》,《学衡》1925年第40期,第1—2页。

顾颉刚和他的支持者似乎都没有直接回应过张荫麟的批评,这并不奇怪。“疑古”与“信古”看似是学术问题,实则牵涉到整个文化立场问题,新文化运动的发起者与“学衡派”之间,即便能就具体问题进行讨论,双方立场总是万难调和的。顾颉刚之所以能提出“层累的历史”一说,实在又与时代思潮密不可分。若没有清末民初以来林毓生所谓“全盘反传统”的风气,三代历史恐怕不至于被士人怀疑,对于这一点,顾氏本人亦有清醒之认识。日后,顾氏在回忆自己学术生涯时曾说,《古史辨》的提出有着“时势、个性、境遇”三个方面原因,所谓“时势”是指清代以来学术与政治分离的趋势,由此学术有了相对独立的地位,对古典的质疑因之有了可能,再加之晚清以来“西洋的科学传了进来,中国学者受到它的影响,对于治学的方法有了根本的觉悟,要把中国古今的学术整理清楚,认识它的历史的价值”。而所谓“境遇”,即“遇见孟真和适之先生”,“逢到《新青年》思想革命的鼓吹”,因此“胸中积着的许多打破传统学说的见解”才敢“大胆宣布”。[①] 或许可以这么说,《古史辨》固然属的是顾颉刚个人的名字,但他又何尝不是在替新文化运动的倡导者们,替胡适、傅斯年等致力于创建新的学术制度、新的学科范式的知识分子群体发声。至于三代的古史,以及一系列与之相关的史书,何尝不是新文化运动倡导者们为了反对传统树立的靶子?学术最终的落脚点往往并不在学术本身,这在极力倡导学术独立的胡适、傅斯年等人身上,亦是不可避免的困境。

---

① 顾颉刚:《古史辨自序》第一册,载《走在历史的路上:顾颉刚自述》,北京:中国人民大学出版社,2011 年,第 94—97 页。

然而,就在"疑古"思潮风云骤起的年代,1928年,由史语所领导、组织的安阳殷墟考古发掘,出土了大量文物史料,极大地扭转了学界关于三代历史的看法。据李济看来,此次发掘意义重大,首先,它证实了甲骨文的可靠性,自此甲骨文所书历史当被视为"信史"。其次,众多包括祭祀礼器、武器、日常器物在内的青铜器的出土足以证明商代已进入充分发展的青铜器时代,而非此前学者认为的石器时代。[①] 因此,胡适在1929年告诉顾颉刚:"现在我的思想变了,我不疑古了,要信古了。"[②]即便三代历史不能因为此次发掘彻底重建,至少历史学家在书写中国历史时,能够自信将商朝作为开端。最后,也是与现实政治联系最密切的一点,安阳的考古发掘反驳了中国文明外来说。自晚清以来,西方汉学家普遍认为,周代文明并非源自中国本土,因为它在政治、文化等方面呈现出非常成熟、发达的状态,可中国本土的考古发掘未见其青涩、粗糙之形态,故而只能认定它是种外来的文明,源头在彼处。可是,安阳的考古发掘提供了大量材料,证明中国文明在商代"已具备了东方文明一些最根本的特点,而早期中国的历史文化基本是北方中国的创造"[③]。同时,安阳出土的青铜器亦表明,它们在形态上与仰韶等地出土的新石器时代的陶器、木器和石器存在连续性,可见商文化与此前的新石器时代之文化存在紧密关联。并且,鉴于古代美索不达米亚人、希伯来人、古埃及人、希腊人等都没有使

---

① 李济:《安阳发掘对于解开中国历史新篇章的重要性》,载《李济考古学论文集》下册,台北:联经出版事业公司,2020年,第964页。

② 刘起釪:《顾颉刚先生学述》,北京:中华书局,1986年,第262页。

③ 李济:《安阳发掘对于解开中国历史新篇章的重要性》,载《李济考古学论文集》下册,第962页。

用甲骨占卜的习俗,商文明显然不可能是这些文明的延续。[1]

《天下》涉足古史问题时的大背景大抵如是,杂志刊载之相关文章亦可谓紧跟学界前沿动态,这从为杂志打头阵之福开森的书评即可见一斑。福氏第一篇书评针对的是斯德哥尔摩远东古代博物馆所出 *Yin and Chou Researches*(《殷周研究》)一书,具体而言,是对书中所收高本汉一篇有关青铜器铭文研究的文章。在书评中,福开森称赞了高本汉在铭文辨认、分期等方面所做的工作,同时也指出了高氏在方法论层面的弊端:“他使用的皆是书面材料,且大部分还是二手的。[2]”这在以往或许并不是一个大问题,但随着越来越多地下文物的出土,高本汉依赖二手书面材料所做的研究势必难以为人信服。作为对比,由于顾立雅在 *The Birth of China*(《中国之诞生》)一书中“运用甲骨文、青铜铭文以及其他出土文献,而不仅仅依赖书面材料得出观点”[3],福开森盛赞其为“划时代的作品”(an epochal book),认为此书之于中国古史犹如吉本(Edward Gibbon, 1737—1794)《罗马帝国衰亡史》之于西方古典史。须知,彼时的高本汉已是成名的汉学家,而顾立雅仅仅是甫过而立的学术新人,福开森给予其如此之高的评价,至少从一个侧面表明,随

① 李济:《安阳发掘对于解开中国历史新篇章的重要性》,载《李济考古学论文集》下册,第969页。

② *Yin and Chou Researches* (Published by The Museum of Far Eastern Antiquities, Stockholm, 1935) by John C. Ferguson, *T'ien Hsia Monthly*, Vol. 2, No. 4, 1936, p. 398. 原文为“He has worked with literary documents and even most of these have been secondary.”。

③ *The Birth of China* (By Herrlee Glessner Creel, Jonathan Cape, London, 1936) by John C. Ferguson, *T'ien Hsia Monthly*, Vol. 3, No. 2, 1936, p. 200. 原文为“Instead of using only literary sources he collected his facts from inscriptions on oracle bones and bronzes and from other excavated articles.”。

着安阳考古的深入,上古史领域已呈现出“权势转移”之趋势,能否及时、正确地使用地下出土新材料,将成为判断学术成就高低的重要标准。

1939年,在针对顾立雅另一本著作 *Studies in Early Chinese Culture*(《中国早期文化研究》)的书评中,叶秋原表达了与福开森相似的观点。叶秋原在文章中写道,由于受到顾颉刚引领的“疑古”思潮影响,顾立雅原本认为中国的古史并不可靠,它们多是“为了特定政治宣传而作”(for purposes of deliberate political propaganda),可是在目睹安阳的出土文物以后,顾立雅承认历史学者“有义务从零开始、竭尽所能试着去重建商朝历史、制度和文化的图景”。[①] 郭斌佳在“Folkways in Prehistoric China”的开篇的一句话几乎可以视为从“疑古”到“信古”整个学术风潮以及知识界心态变化的概括:“While the spirit of doubt is useful in the search for truth, yet an excess of it can be as mischievous as one of credulity.”(尽管怀疑精神有助于发现真理,但过度怀疑如同轻信一般有害。)[②]

福开森、叶秋原、郭斌佳的文章呼应了中国上古史研究中从“疑古”到“信古”的学术思潮的转变。然而它们一来不是严肃的学术综述,再者,写作目的也不是要做学术史之研究,所以

---

① *Studies in Early Chinese Culture* (By Herrlee Glessner Creel, Kegan Paul, London, 1938) by Yeh Ch'iu-yuan, *T'ien Hsia Monthly*, Vol. 9, No. 1, 1939, p. 116. 原文为“We are obliged, therefore, to start almost with tabula rasa and to attempt to reconstruct, as best as we can, a picture of the history, the institutions, the culture of the Shang state ...”。

② “Folkways in Prehistoric China,” by P. C. Kuo, *T'ien Hsia Monthly*, Vol. 4, No. 2, 1937, p. 115.

要讨论其意义,需从学术之外的社会文化领域着眼。实际上,这些文章的意义在于,它们将原本象牙塔中的知识“公共化”了,将原本学术精英才会触及的中国起源问题纳入了公众视野,在战事胶着的30年代中期,上古中国的起源与现代中国的走向形成了遥远的呼应,知识分子对国族命运的关心使得学术渗透到社会生活的层面。这一过程的终点显然不止于重建“信史”的讨论,它将在更为宏大的文化、政治层面与时代继续对话。

“学战”与国本

所谓“学战”,狭义的内涵是指学术较量,广义的内涵则是指文化竞争。清季以来的中国知识分子,不论他们的政治观念、文化立场有多大差异,皆认可“学战”是立国之本,是中国走向文明与富强的基石,而如前所述上古史学术思潮之演变恰是“学战”体现之一端。此观念之建立,大体是因为彼时的中国知识分子尚不能摆脱顾炎武所谓“亡国”与“亡天下”之说的影响,所以即便面临“亡国”之虞,仍坚信只要学术、文化之火种不息,“天下”即得以保全,民族之未来便尤有希望。而20世纪20—30年代,恰又是中国学术史上的关键时期,葛兆光总结其特点为“历史缩短”“空间变大”“史料变多”①。正是在此大背景下，陈寅恪提出了著名的学术“预流”说：

> 一代之学术，必有其新材料与新问题。取用此材料，以研求问题，则为此时代学术之新潮流。治学之士，得预此潮流者，谓之预流。其未得预者，谓之未入流。此古今学术之通义。非彼闭门造车之徒所能同喻也。②

所谓“预流”，即是用新材料研究新问题，这是时代的潮流，进入这个时代潮流就是“预流”，反之就是“不入流”。对陈寅恪而言，“预流”有着具体所指，那便是同外国的汉学家竞争，争夺解释中国的权利。此处的外国，亦有特指，一是欧洲的汉学家，二是日本的汉学家。后者最鲜明地体现在他 1928 年写给北大历史系毕业生的临别赠诗中，诗云：“群趋东邻受国史，神州士夫羞欲死。田巴鲁仲两无成，要待诸君洗斯耻。”③可见，若要一洗“神州士夫”的耻辱，当务之急就是把“国史”的解释权从东

---

① 所谓“历史缩短”，指的便是《古史辨》与“疑古”思潮的产生，导致重写中国古史的趋势。葛兆光认为这一方面是学术现代化的表现，即严格区分神话和历史，另一方面则是革命性的需要，即通过瓦解上古史的历史系统，来瓦解“道统的神话”，重塑现代中国。这即是说，学术关乎国本。“空间变大”则是指“研究历史的地理范围变得更大”，“就是不再把历史局限在传统的汉族中国的范围内”。“史料变多”指的主要是甲骨文、敦煌藏经洞、明清大内档案和甘肃居延汉简这四大新发现的史料，在 20—30 年代开始发酵。（参见葛兆光：《预流的学问：重返学术史看陈寅恪的意义》，《文史哲》2015 年第 5 期，第 7—11 页。）

② 陈寅恪：《陈垣敦煌劫余录序》，《学衡》1931 年第 74 期，第 7—8 页。

③ 陈寅恪：《北大学院己巳级史学系毕业生赠言》，载《陈寅恪诗集》，北京：清华大学出版社，1993 年，第 18 页。

邻手中夺回来。学术竞争的念头同样存在于傅斯年那里,作为民国时期中国现代学术体制的奠基人,傅斯年创办史语所的目的之一就是同外国的汉学研究者竞争。据王汎森考察,早在欧洲留学期间,傅氏便产生了把东方学中心带回北京的渴望,并渴望有朝一日中国的学者能凌驾于西方学者之上。[①] 颇具讽刺意味的是,当他在30年代初出于政治原因发表《东北史纲》以后,缪凤林(1899—1959)、郑鹤声(1901—1989)等保守派的学者尽管了解他写作的初衷,仍对此书提出了尖锐的批评,原因之一便是他们认为日本学者对东北历史的研究已取得了相当成就,中国学者的回应势必不能在学术层面落于下风。[②] 在“学战”语境下,民族主义与世界主义令人困惑地纠缠在一起,在傅斯年那里,民族主义是促使他发表学术层面不够严谨之《东北史纲》的原因,而在保守主义者那里,民族主义又是他们严厉批评傅斯年著作的重要动力,这一情形让我们再次回到罗志田提出的疑问:“对于生长在清季民初的士人来说,世界主义和民族主义是否有我们今天认知的那样对立呢?”[③]

---

① 王汎森:《傅斯年:中国近代历史与政治中的个体生命》,第76页。

② 缪凤林曾撰文详评傅斯年著作得失,分八期连载于《大公报》,在最后一期的结尾,他写道:“吾民族今已与日本立于永久斗争之地位,欲斗争之成功,必求全民族活动之任何方面皆能与日人之相当方面抗衡。”郑鹤声在《东北史纲》的书评里则指出:“惟傅君为吾国学术界上有地位之人物,而本书又含有国际宣传之重要性,苟有纰缪,遗笑中外,总以力求美备为是。”两人语气轻重稍有差异,采用却都是“以彼之矛攻彼之盾”的论述策略,不约而同地把“学术竞争”的话题抛还给了傅斯年。(参见缪凤林:《评傅斯年君东北史纲卷首》(八),《大公报》(天津)1933年9月25日第11版;郑鹤声:《傅斯年等编著东北史纲初稿》,《图书评论》1933年1卷11期,第18页。)

③ 罗志田:《近代中国民族主义的特殊表现形式:以胡适的世界主义于反传统思想为个案》,载《乱世潜流:民族主义与民国政治》,北京:人民大学出版社,2013年,第20页。

在《天下》所涉中国上古史的文章中,“学战”意识犹存,然而民族主义与世界主义之纠缠不甚明显,尤其郭斌佳,“Folkways in Prehistoric China”一文与西方汉学界对话意味虽然很浓,但严谨程度有所欠缺,不少判断下得过于轻易,明显存在以论带史的嫌疑。文章从第三小节起开始讨论中国古代的社会组织,他从两性关系(社会分工、权力)论起,随后延伸到婚姻与家庭制度,并认为中国古代婚姻、家庭制度的演变体现了“我们的祖先对和平生活和社会有序发展的渴望”①。实际上,在郭氏的文章中,他着重想要论证的正是中国人对“和平”与“发展”的热爱,在他看来,这是推动中国社会组织、政治形态乃至民族特性发展变化的根本动力。为此,他援引刘师培《古代人民以尚武立国论》一文,从汉字字源角度论述了中国古代先民如何从一个原本尚武的民族,经历了一系列部落战争以后,“寻求平静的本能取代了原本崇尚战争的本能”②。在当时的学界,确有越来越多的学者认为三代不是一个和谐平安的文明,相反,是一个充满纷争、阴谋和对抗的时代。③ 在全面抗战爆发的时刻(此文发表于 1937 年 9 月),郭斌佳在文章中大费周章地介绍中国先民从一个好战的群体,在长期历史演变中逐渐领悟中庸

---

① “Folkways in Prehistoric China,” by P. C. Kuo, *T'ien Hsia Monthly*, Vol. 4, No. 2, 1937, p. 128. 原文为“the rise of the institutions of marriage and family in China was the desire of our ancestors for peaceful living and the orderly growth of society.”。

② “Folkways in Prehistoric China,” by P. C. Kuo, *T'ien Hsia Monthly*, Vol. 4, No. 2, 1937, p. 130. 原文为“the pacific instinct supplanted their primitive instinct for war.”。

③ 傅斯年:《夷夏东西说》,载《民族与古代中国史》,上海:上海古籍出版社,2012 年,第 66 页。

之道,最终转变为一个热爱和平的民族。无论这种描述是否能反映历史真相,其背后的潜台词是不言自明的:中国人是热爱和平的民族,无意挑起战争,日方的军事行为在道义和法理层面都不具有正当性。

郭斌佳在讨论上古中国的历史情形以外,还探讨了整个中国古代政治制度的特点,他认为,中国古代的政治制度,即所谓封建制度,亦是寻求“和平”与“发展”的必然结果,是中庸之道的完美体现。不同于19世纪以来,西方史学界对中国“老大帝国”“专制”“落后”的评价,郭斌佳对封建制度给予了高度评价,即便在最受人诟病的“专制”问题上,郭斌佳亦给出了正面回应,他认为:“中国古代的皇权观念是相当民主的。”[①]原因在于,在中国古代,皇权并非神授,而是来自人民。[②] 因此,它的存亡取决于以下三个与人民息息相关的因素:一、是否“顺应民意”(follow and carry out the wishes of the people)。二、是否“牢记民众潜在的造反权力”(keep it in mind the people's potential right of rebellion)。三、是否“意识到自身为民众的委托人,地位来源于对职务忠实履行”(consider itself as a trustee of the people, its tenure being dependent upon the faithful discharge of its duties)。[③] 众所周知,晚清以来,持文

---

① “Folkways in Prehistoric China”, by P. C. Kuo, *T'ien Hsia Monthly*, Vol. 4, No. 2, 1937, p. 135. 原文为“the idea of kingship in ancient China was quite democratic.”。

② Ibid,原文为“The ancients knew well that the origins of monarchy in China were human, not divine.”。

③ “Folkways in Prehistoric China,” by P. C. Kuo, *T'ien Hsia Monthly*, Vol. 4, No. 2, 1937, p. 134.

化保守主义立场的知识分子便致力于完成中国传统的现代转换,即便如此,径直将古代君主制称为"相当民主"(quite democratic)也是颇为大胆的论断。相权、文人集团、地方武装、乡绅等个人或团体对于皇权的限制素来受到学者重视,[①]但纵观中国历史,皇权之不断扩张仍是一个不争的事实,而所谓民众意志充其量也只能在王朝变更过程中赋予新王以政治合法性,一旦政局趋于平稳,民众何尝有过能够制约君主权力的办法?郭氏所治虽是西洋史,亦不至于对中国史如此缺少了解,他之所以作此说,原因不外乎双方对"学战"的体认以及背后的史学观差异。

郭斌佳对"学术"的理解不同于胡适、傅斯年等民国学术制度的开创者,后者讲求的是"实证",有一份证据说一份话,信奉的理念是"上穷碧落下黄泉,动手动脚找东西",通过新材料,研究新问题。而且,在傅斯年主持史语所期间,虽然有过《东北史纲》(1932)这样因时势需要而做的研究,但他的基本信条乃是:学术研究不必有关现实,它具有独立的地位和价值。郭斌佳显然没有将学术视作如此中立、客观、超然的存在,这一点或许受其老师何炳松影响,何炳松一向坚持凡是历史研究总是主观的,总是要运用于实际的,客观的历史是不存在的,超然的学术研究也是不存于世的。对学术的理解不同,对学战的认识自然也有所差异,所以对中国解释权的争夺不一定如陈寅恪、傅斯年等人认为的,有赖于精深的学术研究,亦可以通过"话语建

① 20世纪50年代,钱穆作《中国历代政治得失考》实则仍在讨论这些问题,详见钱穆:《中国历代政治得失考》,北京:生活·读书·新知三联书店,2018年。

构”实现。在这一点上,无论郭斌佳还是《天下》整体呈现的面貌,都是在致力于“建构”,而这便是他们理解的“学战”。

文明起源与国族独立

如前文所述,李济认为安阳殷墟的考古发掘反驳了中华文明外来论的说法,而这一点,正是此学术问题最具公共性之体现。考虑到晚清以来,中国士人持续面临着“亡国灭种”的精神危机,若能在30年代中日危机不断加深的档口,有确凿之证据证明中国文明源自本土,对于国民士气之提振必然大有裨益。实际上,九一八事变以后,随着民族危机的加深,学界和政界都兴起了所谓复古风潮,许多知识分子开始讨论反传统和全盘西化的弊端。1935年1月,包括何炳松、陶希圣(1899—1988)等在内的十位大学教授发表了著名的《中国本位的文化建设宣言》,尖锐地指出:“在文化的领域中,我们看不见现在的中国了。”“文化中国”的缺失导致了中国的“政治形态”、“社会组织”和“思想的内容与形式”失去了特征,于是生活在其中的人民便不能称其为“中国人”。① 这份宣言发表以后,读经运动(1935)应运而生,国学馆在各地破土而生,而此前一年,国民政府刚宣布以官方名义祭祀孔子。无论是建设中国本位的文化,还是祭孔、读经,其初衷都是要回应“我们是谁”“我们的民族是什么”

① 何炳松、陶希圣等:《中国本位的文化建设宣言》,《文化建设》1925年第1卷第4期,第1页。

的问题。考古发掘若能从源头上回应这一问题,必将受到公众的关注。

叶秋原在 *Archaeology Chronicle*(《考古纪事》)中回顾了民国以来考古学界的各项重大发现,对于安特生及发现的仰韶文化着墨尤多,他十分认可安特生对于中国现代考古学的贡献,其发掘之仰韶文化被认为是“无可置疑的上古中国文明的前身”(undoubtedly the direct antecedent of Chinese civilization)①。然而,安特生并不认为以彩陶为代表的仰韶文化源自中国本土,在他的理论假设中,这是一种来自西方的外来文化。为了证明自己的理论,安特生在甘肃和青海东北部进行了广泛的调查,并于 1925 年发表 *Archaeological Research in Kansu*(《甘肃考古记》)。到 30 年代中期,仰韶文化是否源自中国本土在考古学界仍有争议,安特生就暗示,此种彩陶文化可能来自亚洲中部,它在形态上与俄罗斯境内的出土陶器不乏相似之处。但是,无论如何,李济、梁思永(1904—1954)在安阳的考古发掘,以及梁思永对于龙山、仰韶文化的研究表明,安阳的青铜文明与仰韶的彩陶文明之间存在着明确的联系,这也是叶秋原在纪事中着重指出的。

安特生的假说在西方汉学界不乏支持者,顾立雅在亲眼见证了殷墟考古以后,虽然扭转了对于商文明是否存在的态度,但是他仍然怀疑这不是中国本土诞生的文明。在 *Studies in Early Chinese Culture*(《中国古代文化研究》)一书中,他写

① *Archaeology Chronicle* by Yeh Ch'iu-yuan, *T'ien Hsia Monthly*, Vol. 4, No. 2, 1937, p. 169.

道:"初步比较后得出以下预期:更细致的研究会表明商文明与美洲和太平洋岛屿中发现的文明存在关联。"①对此,叶秋原毫不客气地评价为"跃出研究的边界而行至猜测的边缘"(beyond the sphere of research and verges on that of speculation)②。事实上,直到50年代偃师二里头遗址发现以后,学界关于中国文明来源的争议才最终尘埃落定,而在未有定论的情况下,中国的考古学者普遍倾向于本土说,西方的汉学家则多数持外来论,其中的区别显然不止于学术观点的分歧。这一点,福开森在前一篇关于顾立雅的书评中即已指出:

> 雕刻和青铜器的那章写得趣味盎然,尽管我看不出作者有什么理由声称"制造、浇铸青铜的技术显然不是本土发明的"。为什么不是呢?既然我们在此问题上对于何为"确定的"一无所知,那么断言它是或不是中国本土发明的,都是不合理的。③

① 原文为"Preliminary comparison leads to the expectation that careful study may show relations between Shang art and some of the art found in America and in Islands of the Pacific."。

② "Studies in Early Chinese Culture" (By Herrlee Glessner Creel, Kegan Paul, London. 1938) by Yeh Ch'iu-yuan, *T'ien Hsia Monthly*, Vol. 9, No. 1, 1939, p. 117.

③ "The Birth of China" (By Herrlee Glessner Creel, Jonathan Cape, London. 1936) by John C. Ferguson, *T'ien Hsia Monthly*, Vol. 3, No. 2, 1936, p. 202. 原文为"The Chapter on Sculpture and Bronze bristles with interest though I see no reason for the author's statement that 'the technique of making and casting bronze was certainly not invented in China.' Why not? Since we know nothing 'certainly' on the subject, is it not quite as reasonable to surmise that it was, as that it was not, invented in China."。

无论同西方汉学家还是中国的考古学者相比,福开森的立场都显得更为中立,他的立论更多地从学术本身出发,对于未知的领域,尽可能保持敬畏,不妄下结论。但身份的差异使得叶秋原、郭斌佳无法保持如此超然中立的姿态,他们对这一问题的介入姿态势必受到个人情感和国族命运的双重影响。叶秋原对中国文明本土论的偏爱和顾立雅对中国文明外来说的假设,实则是同一硬币的不同面向,都缺乏坚固的证据支持。至于郭斌佳,他在文章中表露的爱国情感显然尤胜叶秋原。在"Folkways in Prehistoric China"开头,郭氏以一种总结性的口吻写道:

> 两千多年以来,中国人一直处在一个未曾中断的传统的影响下,这在全国范围内塑造了国民对古代习俗和文化典籍的尊重。然而,近年来西学的引进以及应用,对这一情形造成了巨大破坏。如今中国的历史学家不仅质疑古代典籍的权威性,还发动了一场指向古代中国悠久传统的大规模攻击。这一事件呈现的恰是现代批判性学术最令人遗憾的滥用状态之一。①

---

① "Folkways in Prehistoric China," by P. C. Kuo, *T'ien Hsia Monthly*, Vol. 4, No. 2, 1937, p. 115. 原文为"For More than two thousand years the Chinese people had been educated under the influence of a uniform tradition, which fostered a nation-wide veneration of the folkways of our remote ancestors as recorded in the ancient classics. The introduction of Western science into China, and its application to the study of Chinese history, however, have played great havoc with this situation in recent years. The historians of China today not only question the authenticity of certain documents, but they have launched a whole-sale onslaught upon the age-long traditions about ancient China. This state of affairs in one of the most regrettable abuses of modern critical scholarship."。

郭斌佳的这段论述简直就是《中国本位的文化建设宣言》中某些段落的翻版,他认为“疑古”思潮的兴起是引进、应用,甚至滥用西学的结果,要理解、认识古代中国,当务之急是“沿着古老文学的巨大宝藏所指明的道路前进”(steer along the path marked out by the vast treasure of our past literature)①。在中国文明的起源这一彼时学界未有定论的问题上,郭斌佳当然是一位更加坚定的本土论者。他指出,直到19世纪之前,中国人都坚信他们是这片土地上土生土长的民族(indigenous race),中国文明外来说的假设是伴随着西学一道传入中国的,对此,他是万难接受的(difficult to accept these theories)。他从地理屏障、人种差异、语言特征等方面逐一反驳了中国文明源自古埃及、古巴比伦、印度等地的假说,并直言:“将两者间偶然的相似作为判定种族血缘关系的做法显而易见是鲁莽的。”②同时,对于现代学者由于缺乏有关创造者的确切证据,便质疑远古时代先民发明创造的可靠性的行为,郭斌佳毫不客气地评价其为“荒谬至极”(a great mistake)③。考虑到这篇文章发表的语境,以及郭斌佳在文中透露的情感立场,我们有理由认为,郭氏是在向公众暗示中国文明外来说的假设与西方国家的帝国主义行径间存在隐秘的内在关联,通过文化“矮化”和种族“贬低”,西方国家试图为自己用军事手段攫取在华利益建立道德合法性。正是意识到学术话语与现实政治间存在隐秘

---

① “Folkways in Prehistoric China,” by P. C. Kuo, *T'ien Hsia Monthly*, Vol. 4, No. 2, 1937, p. 115.

② Ibid., pp. 116–117. 原文为“To take the accidental resemblance of one with the other as proof for racial consanguinity is certainly an audacious position to take.”。

③ Ibid., p. 120.

关联,郭斌佳才会斩钉截铁地断言:“撇开中国文化起源于西方的理论不谈,我们坚信,中华民族的摇篮最初就在中国这片土地上。”①

从《天下》刊载的这些文章我们不难看出,在30年代中期的历史语境下,上古史领域内的“中国起源问题”已经从一个学术话题演变为一个公共话题,叶秋原、郭斌佳等不具备上古史专业知识背景的知识分子亦坚决地投身此舆论空间,发表自身的看法。在现实政治层面,此类学术争论被认为与西方和日本的帝国主义侵略存在内在关联,因此,捍卫中国文明“本土说”又视作表达爱国热情的隐秘方式。造成此种局面的原因有两个:第一,现实层面日本对中国国土的入侵,激发了知识分子朴素的爱国热情,亦导致了学术问题的公共化。这其中最典型的代表当推傅斯年所作《东北史纲》,此书完全是为了回应九一八事变而作,自诞生之初在学术层面便饱受质疑,以至于80年代,台湾“中研院”编辑《傅斯年全集》时将此书排除在外。② 史学界有所谓一切历史都是当代史之说,《东北史纲》如是,中国上古史亦如是。第二,民族危机加深以后,中国知识分子表达民族主义情感的方式发生了变化。清末民初,文化改革者在公共层面竭力倡导西化、全盘反传统,只在私人生活领域表露自

---

① “Folkways in Prehistoric China,” by P. C. Kuo, *T'ien Hsia Monthly*, Vol. 4, No. 2, 1937, p. 119. 原文为“Laying aside theories of a Western origin for Chinese culture, we believe that the cradle of the Chinese race was originally in the land of China.”。

② 参见傅斯年:《东北史纲》,上海:上海古籍出版社,2012年。傅斯年写作此时的背景及学界反映参见王汎森:《傅斯年:中国近代历史与政治中的个体生命》,第166—170页。

身对本土文化的热爱,一旦跃出便会招致批评,如鲁迅与郑振铎刻印《北平笺谱》,这一带有旧式文人趣味的行为就引起了邵洵美等人的讥讽。“公”与“私”的区分常常造成知识分子理智与情感不能调和的状态,吴宓称此状态为“二马裂尸”,他们担心“过分颂扬中国传统文化,可能替反动思想助威”[①]。因此,在公共舆论层面竭力排斥,乃至贬低传统文化。与之相映成趣的是,部分国粹派学者亦曾鼓吹中国文明起源于西亚,上古中国拥有多种与希腊、罗马、撒克逊、法兰西和斯拉夫相同的文化特性,以此重塑对本土文化的信心。[②] 罗志田将此现象称为“民族主义的特殊表现形式”,他认为其背后的根源在于:“清季以至民初中国读书人虽因不断的国耻和思想的西化而服膺西方近代民族主义,但最终还是暗存一种‘道高于国’的观念,总向往一种在民族主义之上的‘大国’境界。”[③]然而,到了 30 年代中期,中国知识分子对于民族主义和世界主义的理解显然发生了变化,“道高于国”的观念让位给现代民族国家的概念,强调中国文明的本土性与原发性便成了表达爱国情感的主流方式,此时的“文化保守主义者”“民粹派”之表现便更接近这些术语原本的涵义。

---

① 胡颂平编:《胡适之先生晚年谈话录》,北京:中国友谊出版公司,1993 年,第 233 页。

② 王汎森:《傅斯年:中国近代历史与政治中的个体生命》,第 117 页。

③ 罗志田:《近代中国民族主义的特殊表现形式:以胡适的世界主义与反传统思想为个案》,载《乱世潜流:民族主义与民国政治》,第 25 页。

小　结

《天下》在全面抗战爆发之际,介入中国古史问题的讨论,背后的原因是多方面的。对外,上古中国的问题素来是欧洲汉学家关注的重点,随着20年代考古发掘的进行,新材料不断出现,中外学者在这一领域展开了新一轮的学术竞争。《天下》对此问题的综述与讨论,尽管不能与专业的考古学者、史学家相提并论,但对于向公共领域,尤其英语读者,普及上古中国的基本概念起到了正面的作用,对于纠正西方汉学界素来秉持的中国文明"外来说"也做出了积极的努力。对内,上古中国问题也是学术热点,是新旧两派学者争夺话语权的场域,"疑古"与"信古"既是学问之辨也是立场之争。与此同时,30年代中后期全面抗战爆发又让这一问题超越了纯粹的学术、文化领域,与国族存亡产生了隐秘联系,证明上古中国之确实存在,成了提振民族士气,坚定抗战决心的另一种方式。《天下》对中国上古史的讨论无疑是一个缩影,它揭示了杂志如何从讨论一个具体的学术问题,逐渐扩展到文化以及政治领域的辩论,亦证明《天下》关心的"文化"并不真正摒弃一切"政治",而杂志所关心的"天下"实则最终都归于"中国"。

结　论

19世纪中叶以来，中国与外部世界的沟通交流变得愈发频繁且激烈，历次的战争以及随之而来的各种条约，重塑了国人看待自身与他者的方式，从“师夷长技以制夷”到“中学为体，西学为用”，再到“全盘西化”，反映的便是一整套认知观念的更迭。待到《天下》创刊，中国知识分子不再一味引进西方文化，转而开始向西方输出中国形象。国人何以有此需要，文化输出的自信又来自何方，这是颇值得玩味的问题。从现实功用的角度出发，“西方”一直以来都是解决“中国”自身问题的“方式”，从《南京条约》割让香港岛起，这一符号背后代表的科学、技术、制度、文化等内涵，逐一被中国知识分子用来作为应对亡国灭种危机的方案。待到九一八事变发生，伪满洲国建立，中国面临的存亡危机不降反升，《天下》同人却不再视“西方”为万能灵药，转而以我为主，言说中国。以中日双方国力对比而言，从甲午战争到九一八事变，中国的工业化进程虽然有所推进，但双方国力差距究竟是缩小还是扩大殊难判断。至少,在全面抗战爆发之际,国内看衰抗战前景,以为中国未有一战之力者不在少数,可见中国离"富强"尚有距离,现代化之路仍然任重道远。尽管如此,相比以往,知识分子的"中国"意识却日渐清晰,对何为中国、何为中国人之认识已不再局限于"天下"秩序和"华夷之辨",对于现代意义上的"国家""民族""国民"亦达成了基本共识。列文森曾断言"近代中国思想史的大部分时间,是一个使'天下'成为'国家'的过程"[①],当 20 世纪 30 年代之际,在中国知识分子看来,或许这一过程之终点正日趋明朗。此时,《天下》的刊行毋宁说是向西方世界发出的"宣言",其意义在于声明中国作为一个全新的历史主体已浮出水面。同时,《天下》言说中国的方式既构成塑造"中国"意识的重要一环,又受到已经形成的"中国"意识之形塑,双方互为表里交错成一副历史与现实交汇的复杂图景。

"中国"意识与"中国"言说

从晚清到 20 世纪上半叶,中国面临的最大挑战一直都是如何在外部侵略的压力下实现自身现代转型的问题,想要真正成为文明世界的一员,必须彻底抛弃传统的华夷观念,以民族国家的身份重新融入国际秩序。然而,民族国家本是源自欧洲

① [美]列文森著,郑大华、任菁译:《儒教中国及其现代命运》,北京:中国社会科学出版社,2000 年,第 4 页。

(更确切地说是西欧)历史的概念,并不能简单地挪用到中国,最直观的一点,西欧各国走的都是单一民族为主体的建国路线,这就与中国传统的华夷观念格格不入,更不符合中国自古以来多民族混居的国情。1894 年 11 月 24 日,孙中山在夏威夷檀香山成立“兴中会”时,《章程》里便只说“振兴中华,维持国体”,此处的“中华”语意近乎“华夏”“中国”,“中”表方位,“华”为美,“夏”为大,这些词汇都没有很强的民族主义色彩。两个月后,兴中会修订章程,入会誓词才变成了今日为人熟知的“驱逐鞑虏,恢复中华”,民族主义情绪不言自明。这转变的过程虽然短暂,但至少说明华夷观念的影响依然存在,“天下”秩序的幽灵并没散去,在孙中山关于“中华”的下意识设想中,以汉人为主体的单一民族国家并非首选。[①] 可见,现代民族国家的观念虽然在清末士人群体中产生了重大影响,但传统“天下”观念、“华夷之辨”的思想以及多民族混居的现实状况,使得中国没有选择(实际亦不可能)复刻西欧国家的建国方案。

辛亥革命以后,“五族共和”取代“驱逐鞑虏”,成为中华民

---

① 事实上,关于未来中国的国家形式,清末的革命派与维新派有着不同的认识,双方争论的焦点即在于是否排满以及是否建立汉族为主体的单一民族国家。维新派的代表观点是杨度(1875—1931)提出的“五族君宪”说,日后为人熟知的“五族共和”思想即脱胎于此。杨度及维新派虽不排满,但“五族”亦不是完全平等,汉族因其文明程度最高而居于中心,满族次之,开化程度较低的蒙、藏、回更次。相比之下,革命派的建国方案更为激进,具有强烈的排满乃至排除异族的倾向,以邹容(1885—1905)的《革命军》为例,其中就有“不许异种人沾染我中国丝毫权力”,“驱逐住居中国中之满洲人,或杀以报仇”,“诛杀满洲人所立之皇帝,以儆万世不复有专制之君主”等等排除异己,独尊汉族的口号。不过,革命派激烈的排满倾向并非全然受到西方民族主义思想影响,有学者指出,在排除异族这点上,革命派继承的乃是明末王夫之(1619—1692)的“夷夏大防”说,主要意图仍在推翻清王朝统治。(参见杨度:《金铁主义说》,《中国新报》1907 年第 1 卷第 1—5 期;邹容:《革命军》,上海:有正书局,出版年份不详,第 47 页;王柯:《从“天下”国家到民族国家》,第 256—258 页。)

国处理民族问题的基本策略，同时“中华民族”的概念经过再阐释之后，逐渐构成“中国”意识的主体内容。如前面所述，“中华”一词在很长一段历史时期内都是一个文化地理概念，“中华”如同“中国”一样，意为“居于天下中心的华美之国”。至于“民族”，古代中国人并不用它来区别自我与他者，虽有明末王夫之“夷夏大防”这样的例外，但更多时候受“天下”观念影响，处理夷夏关系时更看重文化而非种族因素。清末，西方民族国家概念传入中国后，士人开始重视“民族”问题，有关“中华民族”的阐释随之膨胀。1905 年，梁启超指出：“现今中华民族自始本非一族，实由多数混合而成。”①这种说法包含种族意识，但更重视文化认同，是“天下”观念和现代民族国家意识的混合，在当时颇具代表性。中华民国成立后，“中华民族”的内涵逐渐由文化共同体转变为政治共同体，在《临时大总统就职宣言》中，孙中山说道：“国家之本，在于人民。合汉、满、蒙、回、藏为一国，如合汉、满、蒙、回、藏为一人，是曰民族之统一。”②在孙中山的设想中，“中华民族”是民族融合的产物，是建立现代民族国家的基础。③ 至于“中华民族”的概念真正在社会上广泛流行，成为全民“中国”意识的主要来源，则要到九一八事变和全面抗战以后，尤其 1937 年以后，少数民族的知识精英亦开

---

① 梁启超：《历史上中国民族之观察》，《新民丛报》1905 年 3 卷 17 期，第 47 页。

② 孙中山：《元年今日临时大总统就职宣言》，《民国日报》1923 年 1 月 1 日第 4 版。

③ 王柯认为孙中山晚年的民族主义思想带有鲜明的“汉族主体论”和“汉族中心论”倾向，“‘中华民族’不过是一个改名换姓的‘汉族’而已”，其实质乃是“民族同化论”。（参见王柯：《从“天下”国家到民族国家》，第 276 页。）

始呼应“中华民族”的说法。①

回到《天下》,杂志创办之时恰是“中华民族”日趋流行,“中国”意识日渐清晰的时刻,杂志曾专门刊文回顾了中国民族意识觉醒之过程,对于“天下”观念、“夷夏之辨”、民族主义思想在中国的传播发展做了简要介绍。② 正是基于这一前提,中国现代知识分子才有了言说“中国”的信心与底气。然而,中文语境下的“天下”“中国”“中华民族”转换成英文语境中的“China”“Chinese”时,它们的复杂内涵会随着语意转换而剥落,“China”“Chinese”仅仅在语意层面保留了“中国”和“中国人”的意思,至于它们的具体内涵,则留待杂志同人进一步申明。《天下》之所以涉及诸多领域话题,亦是为了力求更深入、更全面地阐释“中国”内涵,而它的言说方式又受到逐渐成形之“中国”意识形塑,这主要体现在以下两个方面。

其一,《天下》的“中国”言说大体呈现出“西方中心主义”,抑或说“现代中心主义”之倾向,在杂志译介中国现代文学过程中,这一点得到了最鲜明体现。不仅选译的作品带有强烈的现代主义风格,在具体翻译过程中,强势的西方文化对小到词汇、意象的确定,大到语意、风格的选择亦产生了深刻影响。无论是凌叔华作品中的东方意象,还是姚雪垠笔下的地方色彩,都在力求明晰、简洁、在地化的翻译策略中被无奈消解。在中国现代知识分子唯“现代性”马首是瞻之时,那些不够“现代”的特

---

① 黄兴涛:《重塑中华:近代中国“中华民族”观念研究》,北京:北京师范大学出版社,2017 年,第 186—194 页。

② Howard, Harry Paxton, “Chinese Cosmopolitanism and Modern Nationalism,” *T'ien Hsia Monthly*, Vol. 6, No. 5, 1938, pp. 425 - 439.

质不可避免遭到压制，它们或被冠以“原始”“落后”的罪名，或被贴上“野蛮”“不文明”的标签，而“翻译”就如同过滤器，将这些杂质剔除出“文明”“现代”的中国图景之外。

其二，《天下》的“中国”言说或多或少呈现出“汉族中心主义”之倾向。30年代中后期，“中华民族”的概念虽然得到了少数民族精英的呼应，但汉族及汉文化仍是其中主体，《天下》的“中国”言说亦鲜有囊括非汉族文化与历史的自觉，所谓“夷夏之辨”中四夷视角的文化与历史基本上处于缺席状态。

民族主义与世界主义

本着文化交流的初心，《天下》的立场似乎理所应当是世界主义的，然而杂志言说中国的意图又分明有着强烈的民族主义倾向。这两种看似矛盾的立场如何调和，《天下》对于民族主义和世界主义又作何理解？实际上，无论民族主义抑或世界主义，在近现代中国语境下，都不是纯粹本土或外来的产物，而是在中西交汇的语境下生成的，既有传统思想与文化作为思想资源，又有西方概念与理论为依傍。中国的民族主义是世界主义语境下的民族主义，而中国的世界主义又是带有强烈民族色彩的世界主义，体现出后殖民主义所谓的混杂性。恰是这种混杂性赋予其活力，使这两种立场在曲折演变中成了近现代社会的主流思潮，深刻地影响了中国文学、文化、政治与社会形态的变革。

如前面所说，晚清以来，中国知识分子便将民族主义作为构建国家形态的重要方式,他们对民族主义的理解可以用盖尔纳(Ernest Gellner,1925—1995)的名言概括:“民族主义首先是一条政治原则,它认为政治和民族的单位应该是一致的。”① 章太炎(1869—1936)在同盟会刊物《民报》发刊一周年祝词中曾说:“白日有灭,星球有尽,种族神灵,远大无极!敢昭告于尔丕显皇祖轩辕、列祖金天、高阳……宋、明、延平、大平之明王圣帝,相我子孙,宣扬国光,昭彻民听。俾我四百兆昆弟同心勠力,以底虏酋爱新觉罗氏之命,扫除腥膻,建立民国,家给人寿,四裔来享。呜呼!”②他将蒙古人建立的元朝排除在中国的历史序列中,并试图用种族的名义凝聚人心,推翻满人统治的清王朝,建立汉族为主体的民国,这种民族国家的构想在清末一度具有很强的号召力。

然而,民族主义并非毫无对手,先是无政府主义,后有世界主义,不同立场的知识分子都曾对民族主义提出过挑战,尤其后者,因其与“天下”观念间存在某种共性,尤其容易为中国知识分子所接受,在新文化运动到九一八事变这段时期内一度成为民族主义最强大的对手,③包括吴经熊、温源宁在内的《天

---

① [英]厄内斯特·盖尔纳(Ernest Gellner)著,韩红译:《民族与民族主义》,北京:中央编译出版社,2002年,第1页。

② 章太炎:《民报周年纪念祝词》,载陆曼炎编:《中华民国开国前革命文献》,重庆:名山出版公司,1944年,第75页。

③ 孙中山在1924年关于三民主义的演讲中曾说:“现在的英国和以前的俄国、德国,以及中国现在提倡新文化的新青年,都赞成这种主义,反对民族主义。我常听见许多新青年说,国民党的三民主义不合现在世界的新潮流,现在世界上最新最好的主义是世界主义。”(中山大学历史系孙中山研究室、广东省社会科学院历史研究所、中国社会科学院近代史研究所中华民国史研究室合编:《孙中山全集》第9卷,北京:中华书局,1986年,第216页。)关于民族主义与世界主义的论争演变,参见桑兵:《世界主义与民族主义——孙中山对新文化派的回应》,《近代史研究》2003年第2期,第77—99页。

下》同人,或多或少都曾受其影响。只是30年代的语境注定是民族主义大展身手的时机,即便如吴经熊、温源宁这样拥有西方教育背景,又深谙西方文化的知识分子,在全面抗战爆发前后,仍不约而同地转向更为本土、更为保守的立场。《天下》曾有文章专门讨论两者区别,其中观点颇能代表时人心态:

> 世界主义……理想的世界状态的单位是个人或特定社会阶层而非国家。作为一种理想,它通常被认为过于无效。……其他人认为它是一项不切实际的提议。①

世界主义强调普世价值,相信共通人性,这是启蒙时代以来的价值观。基于此可以达成一个具有共识的人类共同体,因此,世界主义者轻视地方性、爱国主义,强调个体价值,拥抱世界大同。问题在于,世界主义不能为处在帝国主义阴影下,在全球竞争中处于弱势的民族和国家提供解决现实问题的方案,反而有可能沦为帝国主义帮凶。这一点,孙中山在20年代初的演讲中已多次提及:

> 不知世界主义,我中国实不适用。因中国积弱,主权丧失已久,宜先求富强,使世界各国皆不敢轻视

① Hsia, C. L. (夏晋麟), "Nationalism and Internationalism as Phases in the Growth of Society," *T'ien Hsia Monthly*, Vol. 2, No. 1, 1936, pp. 43 - 44. 原文为"Cosmopolitanism ... the unit of its ideal world-state was the individual or the social class and not the national state ... It is generally considered too ineffective as an ideal. ... Others dismiss it as an impractical proposition."。

> 中国,贱待汉族,方配提倡此主义,否则汉族神明裔胄之资格,必随世界主义埋没以去。[①]
>
> 世界上的国家,拿帝国主义把人征服了,要想保全他的特殊地位,做全世界的主人翁,便是提倡世界主义,要全世界都服从……如果民族主义不能存在,到了世界主义发达之后,我们就不能生存,就要被人淘汰。[②]

相比之下,民族主义因为切合现实需要而受到知识分子追捧便是顺理成章之事。从甘地(Mohandas Karamchand Gandhi, 1869—1948)到凯末尔(Mustafa Kemal Atatürk, 1881—1938)再到孙中山,印度、土耳其和中国革命的成功,无不激发了中国知识分子对民族主义的热情,并进一步思考它们背后究竟有何力量,为何能如此迅速地击碎旧世界,建立新制度?[③] 从他们得出的结论来看,民族主义被赋予了许多额外价值,“民族主义是民主政治的先锋”(Nationalism is the vanguard of democracy),“民族主义确保公民自愿和忠诚地接受国家

---

① 中山大学历史系孙中山研究室、广东省社会科学院历史研究所、中国社会科学院近代史研究所中华民国史研究室合编:《孙中山全集》第 5 卷,北京:中华书局,1985 年,第 558—559 页。

② 中山大学历史系孙中山研究室、广东省社会科学院历史研究所、中国社会科学院近代史研究所中华民国史研究室合编:《孙中山全集》第 9 卷,北京:中华书局,1986 年,第 216—217 页。

③ Hsia, C. L.(夏晋麟), “Nationalism and Internationalism as Phases in the Growth of Society,” *T'ien Hsia Monthly*, Vol. 2, No. 1, 1936, p. 39. 原文为“what are the forces in nationalism that are so swiftly smashing up the old world, and what strength of will or ideas lies in them for rebuilding a new world for humanity.”。

法律;它使自治的发展成为可能"。[①] 很显然,过往的历史证明,在民族主义与民主政治和公民自治之间,并不存在必然的联系,与其说这是民族主义的特质,毋宁说是中国知识分子对于国家、民族未来的美好愿景。当然,对于极端民族主义可能造成的弊端,他们也不缺乏清醒的认识,纳粹德国的沙文主义,各种帝国主义、军国主义行径等都在他们的视野之内,[②]这也愈发证明关于民族主义和民主政治、公民自治间关系的设想更近乎一种愿望而非现实观察。

总体而言,民族主义因为符合现实政治的需要受到推崇,世界主义则凭借它与"天下"观念、世界大同思想的暗合赢得中国知识分子同情。当中国存亡危机加重时,前者便占据上风,而当政局相对稳定、国际形势不那么紧迫时,后者便会抬头。《天下》同人,以及许多中国知识分子孜孜以求一条超越民族与世界对立的道路,这不仅关乎国家形态和政治理念,更意味着他们试图在传统与现代、现实与理想、理智与情感层面寻求一种平衡,以应对现代世界对他们心灵和头脑造成的冲击。

---

① Ibid., p. 40. 原文为"it ensures a willing and loyal acceptance by the citizens of the laws of the state; and it renders possible the development of self-government."。

② Hsia, C. L. (夏晋麟), "Nationalism and Internationalism as Phases in the Growth of Society," *T'ien Hsia Monthly*, Vol. 2, No. 1, 1936, pp. 40–41.

参考文献

一、报纸期刊

1. Candid Comment(《自由谭》,1938—1939)

2. *Millar's Review*(《密勒氏评论报》,1917—1953)

3. *Shanghai Evening Post and Mercury*(《大美晚报》,1929—1949)

4. *The China Critic*(《中国评论周报》,1928—1946)

5. *The China Press*(《大陆报》,1911—1949)

6. *The North-China Daily News*(《北华捷报》,1864—1951)

7. *The Shanghai Times*(《上海泰晤士报》,1901—1944)

8. *T'ien Hsia Monthly*(《天下》月刊,1935—1941)

9. *Vox*(《声色画报》,1935. 9—11)

10.《人间世》(1934—1936)

11.《时事类编》(1933—1942)

12.《宇宙风》(1935—1947)

13.《中山文化教育馆季刊》(1934—1937)

二、作家作品

1. 巴金:《发的故事》,上海:文化生活出版社,1936 年。

2. 卞之琳编:《汉园集》,上海:商务印书馆,1936 年。

3. 冰心:《第一次宴会》,《新月》1929 年第 6—7 期。

4. 曹禺:《雷雨》,北京:人民文学出版社,1994 年。

5. 陈梦家编:《新月诗选》,上海:新月书店,1931 年。

6. 戴望舒:《望舒草》,上海:现代书局,1933 年。

7. 老舍:《蛤藻集》,上海:开明书店,1936 年。

8. 老舍:《人同此心》,《抗战文艺》1938 年第 1 卷第 1 期。

9. 梁宗岱:《晚祷》,上海:商务印书馆,1939 年。

10. 凌叔华:《疯了的诗人》,《新月》1928 年第 1 卷第 2 期。

11. 凌叔华:《凌叔华文存》,成都:四川文艺出版社,1998 年。

12. 凌叔华:《无聊》,《大公报》(天津)文艺副刊 1934 年 6 月 23 日第 12 版。

13. 凌叔华:《写信》,《大公报》(天津)1931 年 5 月 22 日第 8 版。

14. 鲁迅:《彷徨》,《鲁迅全集》第二卷,北京:人民文学出版社,2005 年。

15. 鲁迅:《怀旧》,《小说月报》1913 年第 3 卷第 10 期。

16. 鲁彦:《重逢》,《文艺月刊》1938 年第 2 卷第 1 期。

17. 邵洵美:《花一般的罪恶》,上海:金屋书店,1928 年。

18. 邵洵美:《诗二十五首》,上海:时代图书公司,1936 年。

19. 沈从文:《边城》,《国闻周报》1934 年 1—4 月第 11 卷第 1—16 期(非连续)。

20. 沈从文:《乡城》,《大公报》(香港)文艺副刊 1940 年 6 月 24 日第 8 版。

21. 沈从文:《萧萧》,《小说月报》1930 年第 21 卷第 1 期。

22. 田涛:《战地剪集》,武汉:艺文研究会,1938 年。

23. 王思玷:《偏枯》,《小说月报》1922 年第 13 卷第 11 期。

24. 闻一多:《死水》,上海:新月书店,1929 年。

25. 吴岩:《离去》,《文艺》(上海)1938 年第 1 卷第 4 期。

26. 萧红:《萧红全集》,北京:北京燕山出版社,2014 年。

27. 谢文炳:《匹夫》,《东方杂志》1936 年第 33 卷第 9 期。

28. 杨振声:《报复》,《大公报》(天津)文艺副刊 1934 年 1 月 13 日第 12 版。

29. 姚雪垠:《差半车麦秸》,《文艺阵地》1938 年第 1 卷第 3 期。

30. 叶绍钧:《遗腹子》,《一般》1926 年第 1 卷第 1 期。

31. 俞平伯:《花匠》,《新潮》1919 年第 1 卷第 4 期。

三、专著

1. Emily Hahn, *China to Me*, Philadelphia: Blakiston, 1944.

2. *Living china: Modern Chinese Short Stories*, Edited by Edgar Snow, London: George G. Harrap & Co. Ltd,

1936.

3. *Modern Chinese Poetry*, Translated by Harold Acton & Chen Shih-hsiang, London: Duckworth, 1936.

4. Rodney Gilbert, *What's Wrong with China*, London, J. Murray, 1926.

5. Shuang Shen, *Cosmopolitan Publics: Anglophone Print Culture in Semi-colonial Shanghai*, New Brunswick: Rutgers University Press, 2009.

6. *Straw Sandals*, *Chinese Short Stories*, *1918 – 1933*, Edited by Harold Robert Isaacs, Massachusetts: The MIT Press, 1974.

7. 陈平原:《触摸历史与进入五四》,北京:北京大学出版社,2010 年。

8. 陈世骧:《陈世骧文存》,沈阳:辽宁教育出版社,1998 年。

9. 傅斯年:《东北史纲》,上海:上海古籍出版社,2012 年。

10. 傅斯年:《民族与古代中国史》,上海:上海古籍出版社,2012 年。

11. 戈公振:《中国报学史》,北京:中国新闻出版社,1985 年。

12. 葛兆光:《宅兹中国:重建有关"中国"的历史论述》,北京:中华书局,2011 年。

13. 顾颉刚:《走在历史的路上:顾颉刚自述》,北京:中国人民大学出版社,2011 年。

14. 胡适:《胡适的日记》,台北:顶渊出版社,1987 年。

15. 胡适著,曹伯言整理:《胡适日记全编》第6卷,合肥:安徽教育出版社,2001年。

16. 黄芳:《多元文化认同的建构:〈中国评论周报〉与〈天下月刊〉研究》,南京:南京大学出版社,2018年。

17. 黄兴涛:《重塑中华:近代中国“中华民族”观念研究》,北京:北京师范大学出版社,2017年。

18. 金观涛:《探索现代社会的起源》,北京:社会科学文献出版社,2010年。

19. 李济:《李济考古学论文集》,台北:联经出版事业公司,2020年。

20. 李欧梵:《现代性的追求》,北京:人民文学出版社,2010年。

21. 李陀编:《昨天的故事:关于重写文学史》,北京:生活·读书·新知三联书店,2011年。

22. 林太乙:《林语堂传》,台北:联经出版事业公司,2011年。

23. 林毓生:《中国传统的创造性转化》(增订本),北京:生活·读书·新知三联书店,2011年。

24. 刘龙心:《知识生产与传播:近代中国史学的转型》,北京:生活·读书·新知三联书店,2021年。

25. 刘起釪:《顾颉刚先生学述》,北京:中华书局,1986年。

26. 罗志田:《乱世潜流:民族主义与民国政治》,北京:中国人民大学出版社,2013年。

27. 罗志田:《中国的近代:大国的历史转身》,北京:商务印书馆,2019年。

28. 马祖毅、任荣珍:《汉籍外译史》(修订本),武汉:湖北教育出版社,2003 年。

29. 欧阳哲生:《五四运动的历史诠释》,北京:北京大学出版社,2012 年。

30. 钱穆:《中国文化史导论》(修订本),北京:商务印书馆,1994 年。

31. 邵绡红:《我的爸爸邵洵美》,上海:上海书店出版社,2005 年。

32. 邵洵美:《儒林新史》,上海:上海书店出版社,2008 年。

33. 邵洵美著,陈子善编:《洵美文存》,沈阳:辽宁教育出版社,2006 年。

34. 汪辉:《中国现代思想的兴起》,北京:生活·读书·新知三联书店,2008 年。

35. 王柯:《从"天下"国家到民族国家:历史中国的认知与实践》,上海:上海人民出版社,2020 年。

36. 王璞:《项美丽在上海》,北京:人民文学出版社,2005 年。

37. 吴经熊:《法律哲学研究》,北京:清华大学出版社,2005 年。

38. 许纪霖等:《近代中国知识分子的公共交往(1895—1949》,上海:上海人民出版社,2008 年。

39. 严慧:《超越与建构——〈天下〉与中西文学交流》,上海:光明日报出版社,2011 年。

40. 姚大力:《追寻"我们"的根源:中国历史上的民族与国家意识》,北京:生活·读书·新知三联书店,2018 年。

41. 张静庐:《在出版界二十年:张静庐自传》(影印本),上海:上海书店出版社,1984年。

42. 张中行:《负暄琐话》,北京:中华书局,2006年。

43. 周宁:《天朝遥远——西方的中国形象研究》,北京:北京大学出版社,2006年。

44. 邹容:《革命军》,上海:有正书局,出版年份不详。

四、译著

1. [法]皮埃尔·布尔迪厄著,刘晖译:《区分:判断力的社会批判》,北京:商务印书馆,2015年。

2. [加]卜正民、施恩德编,陈城等译:《民族的建构:亚洲精英及其民族身份认同》,长春:吉林出版集团有限责任公司,2008年。

3. [加]查尔斯·泰勒著,韩震等译:《自我的根源——现代认同的形成》,南京:译林出版社,2001年。

4. [美]爱德华·W.萨义德著,王宇根译:《东方学》,北京:生活·读书·新知三联书店,2007年。

5. [美]安敏成著,姜涛译:《现实主义的限制——革命时代的中国小说》,南京:江苏人民出版社,2011年。

6. [美]本杰明·史华兹著,叶凤美译:《寻求富强:严复与西方》,南京:江苏人民出版社,1990年。

7. [美]本尼迪克特·安德森著,吴叡人译:《想象的共同体——民族主义的起源与散布》(增订版),上海:上海人民出版社,2011年。

8. [美]杜赞奇著,王宪明、高继美、李海燕等译:《从民族国家拯救历史:民族主义话语与中国现代史研究》,北京:社会科学文献出版社,2003 年。

9. [美]傅葆石著,张霖译,刘辉校:《灰色上海,1937—1945:中国文人的隐退、反抗与合作》,北京:生活·读书·新知三联书店,2012 年。

10. [美]耿德华著,张泉译:《被冷落的缪斯——中国沦陷区文学史(1937—1945)》,北京:新星出版社,2006 年。

11. [美]哈罗德·伊罗生著,于殿利、陆日宇译:《美国的中国形象》,北京:中华书局,2006 年。

12. [美]列文森著,郑大华、任菁译:《儒教中国及其现代命运》,北京:中国社会科学出版社,2000 年。

13. [美]明恩溥著,佚名译,黄兴涛校:《中国人的气质》,北京:中华书局,2006 年。

14. [美]帕特丽卡·劳伦斯著,万江波、韦晓保、陈容枝译:《丽莉·布瑞斯珂的中国眼睛》,上海:上海书店出版社,2008 年。

15. [美]史书美著,何恬译:《现代的诱惑——书写半殖民地中国的现代主义(1917—1937)》,南京:江苏人民出版社,2007 年。

16. [美]舒衡哲著,刘京建译:《中国启蒙运动——知识分子与五四遗产》,北京:新星出版社,2007 年。

17. [日]狭间直树著,张雯译:《日本早期的亚洲主义》,北京:北京大学出版社,2017 年。

18. [日]竹内好著,孙歌编,李冬木、赵京华、孙歌译:《近代的超克》,北京:生活·读书·新知三联书店,2016 年。

19. [英]厄内斯特·盖尔纳著,韩红译:《民族与民族主义》,北京:中央编译出版社,2002年。

20. [英]杰里米·芒迪著,李德凤等译:《翻译学导论——理论与实践》,北京:商务印书馆,2007年。

21. [英]托·斯·艾略特著,卞之琳、李赋宁等译:《传统与个人才能:艾略特文集·论文》,上海:上海译文出版社,2012年。

22. 林毓生著,穆善培译:《中国意识的危机:“五四”时期激烈的反传统主义》,贵阳:贵州人民出版社,1988年。

23. 刘禾著,宋伟杰等译:《跨语际实践——文学,民族文化与被译介的现代性(中国,1900—1937)》(修订译本),北京:生活·读书·新知三联书店,2008年。

24. 王汎森著,王晓冰译:《傅斯年:中国近代历史与政治中的个体生命》,北京:生活·读书·新知三联书店,2017年。

25. 温源宁著,江枫译:《不够知己:英汉对照》,上海:外语教学与研究出版社,2012年。

26. 吴经熊著,徐诚斌译:《唐诗四季》,台北:洪范书店,2003年。

27. 吴经熊著,张薇薇译:《正义之源泉:自然法研究》,北京:法律出版社,2015年。

28. 吴经熊著,周伟驰译:《超越东西方》,北京:社会科学文献出版社,2002年。

29. 夏志清著,刘绍铭等译:《中国现代小说史》(新版),香港:香港中文大学出版社,2015年。

五、论文

1. 北塔:《中国现当代诗歌的英文翻译概况》,《华文文学》2012 年第 5 期。

2. 陈国球:《“抒情传统论”以前——陈世骧与中国现代文学及政治》,《现代中文学刊》2009 年第 6 期。

3. 陈思和:《试论现代出版与知识分子的人文精神》,《复旦学报》(社会科学版)1993 年第 3 期。

4. 葛兆光:《预流的学问:重返学术史看陈寅恪的意义》,《文史哲》2015 年第 5 期。

5. 顾颉刚:《与钱玄同论古史书》,《读书杂志》1923 年第 9 期。

6. 顾钧:《王际真的鲁迅译介》,《新文学史料》2012 年第 3 期。

7. 韩春磊:《〈北华捷报/字林西报〉的历史沿革及其特点价值》,《兰台世界(上旬)》2013 年第 2 期。

8. 韩晗:《知识分子、公共交往以及话语范式——以1930—1937 年〈武汉大学文哲季刊〉为核心的学术考察》,《社会科学论坛》2010 年第 23 期。

9. 何炳松、陶希圣等:《中国本位的文化建设宣言》,《文化建设》1925 年第 1 卷第 4 期。

10. 金克木:《代沟的底层:读温源宁〈一知半解〉》,《读书》1989 年第 6 期。

11. 李辉:《伊罗生:卷进中国革命漩涡的美国记者》,《百年潮》1999 年第 12 期。

12. 李珊:《〈北华捷报〉上的中国投书人——国民革命时期民族主义的对外表达》,《近代史研究》2018 年第 4 期。

13. 李珊:《九一八事变后中国知识界对日本战争宣传的反击——以英文撰述为中心》,《抗日战争研究》2012 年第 4 期。

14. 李珊:《论“死硬派”记者甘露德〈中国之病〉及其反响》,《史学月刊》2021 年 11 期。

15. 梁启超:《历史上中国民族之观察》,《新民丛报》1905 年第 3 卷第 17 期。

16. 凌扬:《姚克和〈天下月刊〉》,《新文学史料》1993 年第 3 期。

17. 刘仕敏:《王际真:把中国文学带到美国的世纪老人》,《时代文学(下半月)》2011 年第 1 期。

18. 柳长:《董显光传略》,《民国档案》1989 年第 2 期。

19. 罗志田:《天下与世界:清末士人关于人类社会认知的转变》,《中国社会科学》2007 年第 5 期。

20. 闵迪华:《三十年代上海的几种外文报刊》,《学术月刊》1983 年第 9 期。

21. 缪凤林:《评傅斯年君东北史纲卷首》(八),《大公报》(天津)1933 年 9 月 25 日第 11 版。

22. 彭发胜:《〈天下月刊〉与中国现代文学的英译》,《中国翻译》2011 年第 2 期。

23. 桑兵:《世界主义与民族主义——孙中山对新文化派的回应》,《近代史研究》2003 年第 2 期。

24. 邵洵美:《编辑谈话》,《自由谭》1938 年 9 月第 1 期。

25. 邵洵美:《新诗与“肌理”》,《人言周刊》1935 年第 2 卷第 41 期。

26. 舒新城:《两年来之出版界》,《中国新论》1937 年第 3 卷第 4—5 期合刊。

27. 苏雪林:《沈从文论》,载茅盾等:《作家论》,北京:人民文学出版社,1984 年。

28. 唐鸿棣:《关于郁达夫的一次“茱萸会”和祝寿聚游》,《上海师范大学学报》1980 年第 3 期。

29. 汪幼海:《〈字林西报〉与上海近代新闻事业》,《史林》2006 年第 1 期。

30. 王国维:《论政学疏稿》,载谢维扬、房鑫亮主编:《王国维全集》第十四卷,杭州:浙江教育出版社,2010 年。

31. 王国维:《自序二》,《教育世界》1907 年第 152 期。

32. 王晓明:《现代中国的民族主义》,《学术月刊》2002 年第 11 期。

33. 夏志清著,董诗顶译:《王际真和乔治高的中国文学翻译》,《现代中文学刊》2011 年第 1 期。

34. 萧乾:《跑江湖采访人生:我的旅行记者生涯》,《新文学史料》1991 年第 4 期。

35. 许纪霖:《天下主义/夷夏之辨及其在近代的变异》,《华东师范大学学报》2012 年第 6 期。

36. 杨联芬:《沈从文的反“现代性”》,《中国现代文学研究丛刊》2003 年第 2 期。

37. 易永谊:《温源宁与北京大学英文系(1924—1933)》,《现代中文学刊》2015 年第 3 期。

38. [英]雷蒙德·威廉斯著,赵国新译:《文化分析》,《外国文学》2000 年第 5 期。

39. 张荫麟:《评近人对于中国古史之讨论(古史决议录之一)》,《学衡》1925 年第 40 期。

40. 郑鹤声:《傅斯年等编著东北史纲初稿》,《图书评论》1933 年第 1 卷第 11 期。

41. 周劭:《姚克和〈天下〉》,《读书》1993 年第 2 期。

图书在版编目(CIP)数据

文化、国族、历史 :《天下》的中国与中国的“天下”/ 王立峰著. -- 南京 : 南京大学出版社, 2024.11
ISBN 978-7-305-27711-5

Ⅰ. ①文… Ⅱ. ①王… Ⅲ. ①文化史-研究-中国
Ⅳ. ①K203

中国国家版本馆 CIP 数据核字(2024)第 032824 号

出版发行 南京大学出版社
社　　址 南京市汉口路 22 号　　　邮　编 210093

书　　名 **文化、国族、历史:《天下》的中国与中国的“天下”**
WENHUA、GUOZU、LISHI:《TIANXIA》DE ZHONGGUO YU ZHONGGUO DE “TIANXIA”
著　　者 王立峰
责任编辑 黄　睿

照　　排 南京南琳图文制作有限公司
印　　刷 南京玉河印刷厂
开　　本 880 mm×1230 mm　1/32　印张 6.25　字数 172 千
版　　次 2024 年 11 月第 1 版
印　　次 2024 年 11 月第 1 次印刷
ISBN 978-7-305-27711-5
定　　价 68.00 元

网址: http://www.njupco.com
官方微博: http://weibo.com/njupco
官方微信号: njupress
销售咨询热线: (025) 83594756
